共感されるリーダーの声の作り方・話し方

コミュニケーション
トレーナー
司 拓也
Tsukasa Takuya

ぱる出版

●こんなお悩みを抱えていませんか？

・部下が指示を理解してくれない
・部下とのコミュニケーションがうまくいかない
・部下がやる気を見せない
・部下からの信頼を感じられない

「なんで、私の言うこと聞いてくれないの？」

「リーダーなんてもう辞めてしまいたい」

そんな風に、毎日ため息をついていませんか？


巷には、リーダーのためのコミュニケーションの本があふれています。

「部下が前向きになる言葉」「モラハラにならない伝え方」「部下が勝手に動き出す言葉が

け」「心理的安全性を高める伝え方」などなど。

たしかに、部下を前向きな気持ちにさせたり、部下を傷つけないためのボキャブラリーを増やすことは、間違いではありません。

実際にコミュニケーションに役立てている方もいらっしゃるでしょう。

しかし、言葉をたくさん覚えなくてもいい簡単な方法があります。

それは、**声を変えること**です。

部下から共感され、共鳴される「声」を身につけることが、あなたのリーダーコミュニケーションの悩みを全て解決してくれるのです。

●共感されるリーダーは「声と話し方」で人を動かす

かつてリーダーシップは、トップダウンが主流でした。

しかし、誰もが能力を発揮できる情報化社会の現代、**求められるのは、部下から共感され、共に成長を目指すリーダーシップ**です。

「共感されるリーダー」とは、まさにこのような人を指します。

その特徴は、親しみやすい笑顔や時折の冗談で部下との距離を縮めつつ、時には力強い言葉や的確なアドバイス、逆境に負けない強さや聡明さを見せる柔軟性にあります。状況に応じて適切な声と話し方を選び、部下を導くのです。

そう、**共感リーダーシップの鍵は「声と話し方」**です。部下を主役として支え、主体性を引き出す声と話し方は、彼らの才能を開花させ、チーム全体の力を最大限に引き出します。

あなたは、共感されるリーダーになるための声と話し方を身につけることで、部下との信頼関係を築き、チームを1つにまとめていくことができるようになるでしょう。

●共感リーダーになるための「声」の演出術

コミュニケーショントレーナーの司拓也です。

経営者やマネージャーなど、リーダーとして活躍する方々のコミュニケーションに関する悩みを解決する、話し方のコンサルティングやボイストレーニングを提供しています。

多くの方が、理想のリーダー像と、うまくいかない現実のギャップに悩んでいます。

しかし、部下に信頼される話し方とは、必ずしも生まれ持ったものではありません。

15年間、声のトレーナーとして活動してきた私が確信しているのは、

「共感されるリーダーになるには、声の仮面（ペルソナ）を身につければいい」

ということです。

リーダーに相応しい内面や自信がなくても大丈夫。

4つの声を使い分けることで、部下から共感されるリーダーとして振る舞うことができるのです。

●共感リーダーに必要な4つの声

部下から共感されるリーダーに必要なのは、次の4つの声です。

1、エナジャイズ・ボイス（ハイ・フロント）…**明るくエネルギーのある声**
部下を奮い立たせてチームを活性化させ、前向きな雰囲気を作ります。

例えば、朝のミーティングで、明るくエネルギッシュな声でチームにエールを送ることで、部下の士気を高めます。

2、ブレイブ・ボイス（ロー・フロント）…**力強さ、勇気を感じさせる声**
決断力とリーダーシップを示し、安心感と困難な状況にも立ち向かう力を与えます。

例えば、困難やトラブルに見舞われた際に、チームの士気を高め、困難を乗り越える雰囲気を作ります。

3、エンパシー・ボイス（ハイ・エア）…優しい共感と冷静さの声

部下の心に寄り添い、安心感を与えて冷静な判断を促します。

例えば、部下がミスをした際に、冷静で優しい声で対処法を教えることで、部下の不安を和らげ、自信を取り戻させます。

4、メンター・ボイス（ロー・エア）…理性と聡明さの声

冷静で的確な指示とアドバイスで信頼感を高め、部下を導きます。

例えば、プロジェクトの進捗を確認する際に、落ち着いた声で状況をヒアリングし、部下の意見や提案を尊重することで、信頼関係を深めます。

この本は、あなたの声を使って、共感されるリーダーへと導くための実践的なガイドです。ボイストレーニングが初めての方でも、ステップバイステップで効果的な声の出し方を身につけることができます。

声質マトリクス

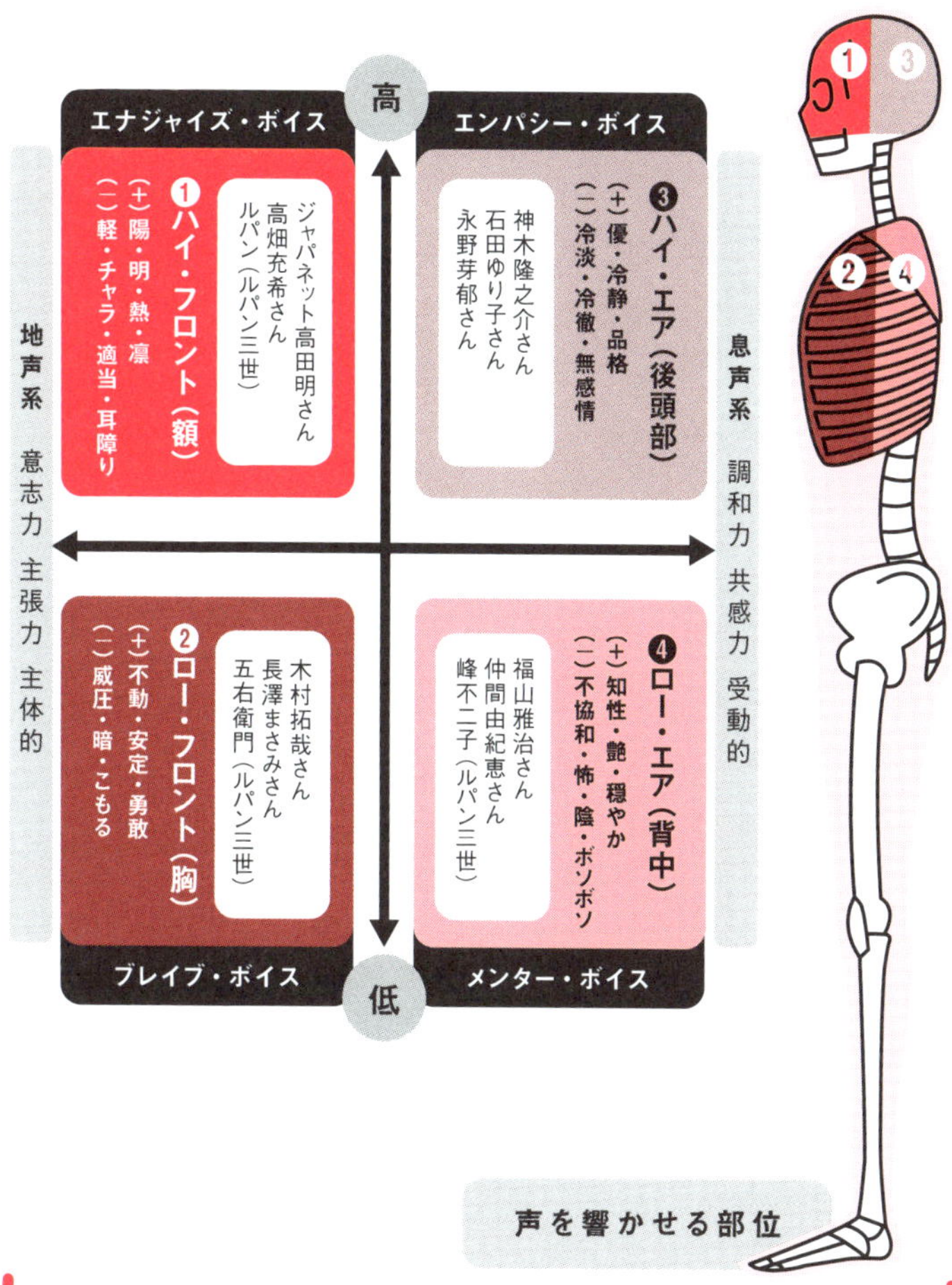
高
エナジャイズ・ボイス
❶ハイ・フロント（額）
(+)陽・明・熱・凛
(−)軽・チャラ・適当・耳障り
ジャパネット高田明さん
高畑充希さん
ルパン（ルパン三世）
エンパシー・ボイス
❸ハイ・エア（後頭部）
(+)優・冷静・品格
(−)冷淡・冷徹・無感情
神木隆之介さん
石田ゆり子さん
永野芽郁さん
地声系　意志力　主張力　主体的
息声系　調和力　共感力　受動的
❷ロー・フロント（胸）
(+)不動・安定・勇敢
(−)威圧・暗・こもる
木村拓哉さん
長澤まさみさん
五右衛門（ルパン三世）
❹ロー・エア（背中）
(+)知性・艶・穏やか
(−)不協和・怖・陰・ボソボソ
福山雅治さん
仲間由紀恵さん
峰不二子（ルパン三世）
ブレイブ・ボイス
メンター・ボイス
低
1
3
2
4
声を響かせる部位

●部下のメンタルタイプに応じた声の使い分け

部下には様々な性格タイプが存在します。

私は、心理学を応用したボイストレーニングで、部下のタイプごとに声かけをする際の「声」を変えることも指導しています。

部下のタイプは、大きく4つに分けられます。それぞれのタイプごとに声を使い分けることで、効果的なコミュニケーションが実現するのです。

それは、どんな言葉を伝えるかよりも、**どんな声で伝えるかが大事だから**です。

声の印象は、相手の右脳に深く刻まれます。

これまで、あなたがやる気になった上司や先輩からの一言を思い出してみてください。

言葉の内容よりも、どんな声で、どんな表情で伝えてくれたか、**そのときに五感で感じた声の印象が、いつまでも心に残っている**のではないでしょうか？

せっかく言葉がけをするなら、部下の心に残る声で語りかけましょう。きっと今までにない反応が返ってくるはずです。

それでは部下の４つのタイプを簡単に説明しましょう。

1、好奇心優先型（ドリーマー）

【特性】

好奇心が旺盛で、新しいことに挑戦することが好きなタイプです。探求心が強く、学びたいという意欲がありますが、興味が移ろいやすい傾向もあります。

【最適な声の使い方】

明るく活気に満ちた声で接することが効果的です。興味を引きつけるためにエネルギッシュで楽しさを感じさせるトーンを使いましょう。また、挑戦することの楽しさや新しい学びの機会を強調することで、意欲を引き出すことができます。

例：「新しいプロジェクトに挑戦してみましょう！　きっと楽しいし、たくさん学べるはずです！」

2、共感・受容優位型（アクセプタンス）

【特性】

他人の気持ちを理解し、共感する能力が高いタイプです。人間関係を重視し、協力し合うことを好みますが、緊張しやすく、周りの目が気になる面もあります。

【最適な声の使い方】

このタイプには、優しく包み込むような声で接することが重要です。相手の感情に寄り添い、安心感を与えるトーンを使いましょう。また、共感の姿勢を示すことで信頼関係を築くことができます。

例：「あなたの意見、とても共感できます。お話を聞かせてもらえませんか？」

3、競争・達成優位型（ビクトリー）

【特性】

目標達成に強い意欲を持ち、成果を出すことに喜びを感じるタイプです。自己管理能力が高く、効率的に物事を進めることが得意ですが、時に相手にプレッシャーをかけるような言動をしてしまうこともあります。

【最適な声の使い方】

このタイプには、力強く明確な声で目標を示し、具体的な指示を出すことが有効です。達成感を重視するため、目標に向かうプロセスを明確に伝え、自信を持たせるトーンを使いましょう。

例：「このプロジェクト、あなたならきっと成功させることができます。具体的なステップはこうです」

4、安心・真実追求型（アナライザー）

【特性】

理論的で分析力が高く、事実に基づいて考えることを好むタイプです。深く考えることが得意で、物事を論理的に捉えられる反面、細部にこだわりすぎることもあります。

【最適な声の使い方】

このタイプには、冷静で落ち着いた声で理論的に説明することが効果的です。情報やデータを重視し、明確な根拠を示すことで信頼を得ることができます。

例：「このデータを見ると、このアプローチが最も効果的であることがわかります」

このように、それぞれの部下のタイプを理解し、最適な声の使い分けをすることで、部下との間に信頼と共感を築き、リーダーシップを発揮することができます。

さあ、これから本書で一緒に声を磨き、共感されるリーダーを目指しましょう。

目次

はじめに　2

chapter 1

共感リーダーの声と話し方とは？ 動画レッスンあり

共感リーダーの４つの声　22

部下マネジメントが苦手な人は、叱る声、褒める声を知らないから　32

chapter 2

部下のタイプ別・部下の心に響く声かけ

部下の４つのタイプ別の特徴と効果的な声かけ　36

❶ 好奇心優位型（ドリーマー） 40
❷ 共感・受容優位型（アクセプタンス） 46
❸ 競争・達成優位型（ビクトリー） 52
❹ 安心・真実追求型（アナライザー） 58
コラム1 部下を褒めるのが苦手なリーダーへ贈る！「声」「目」「口」の法則 64

chapter 3

共感リーダーの声の作り方 基礎編

動画レッスンあり

共感される声を作るステップ 70
ステップ⓿ センターコア（丹田意識）の確立 72
● センターコアを確立する「ペットボトルマン」イメージング
ステップ❶ 舌リリース（舌リラックスワーク） 76
● 舌ポジチェック
● 正しい舌ポジを取り戻す「舌リリース」エクササイズ

ステップ❷ 表情コントロール（姿勢&顔） 80
●表情が豊かになる顔筋リリースエクササイズ
●一瞬で部下の心を掴む！ 共感リーダーになるための左目の法則
ステップ❸ 呼吸コントロール（胸式呼吸力&腹式呼吸力） 92
●腹式呼吸力を高める（自然腹式呼吸）
●胸式呼吸力を高める（胸式呼吸トレーニング）
●内圧式逆腹式呼吸法

chapter 4

共感リーダーの声の作り方 応用編

動画レッスンあり

4つの発声を身につける2つの基本要素 104
基本要素❶ 喉を開く感覚を身につける 106
●【初級編】AKB発声法
●【中級編】A-i-r-AKB発声法
基本要素❷ お腹から声を出す感覚を身につける 112

●内圧式逆腹式発声法

chapter 5

共感リーダーの声の作り方 実践編

動画レッスンあり

共感リーダーの4つの声の特徴・使い方・効果 118
❶ エナジャイズ・ボイス（ハイ・フロント） 124
●ハイ・フロントの声を身につける「にゃにゃにゃ発声法」
❷ ブレイブ・ボイス（ロー・フロント） 128
●ロー・フロントの声を身につける「低音あくび発声法」
❸ エンパシー・ボイス（ハイ・エア） 132
●ハイ・エアの声を身につける「口閉じハミング発声法」
❹ メンター・ボイス（ロー・エア） 136
●ロー・エアの声を身につける「天突共鳴発声法」
コラム2 部下を指導するときに、「パワハラ」「モラハラ」と誤解されないか不安……
そんなリーダーのあなたへ 140

chapter 6

シーン別・部下の心に響く言葉の選び方

❶ 会議などで空気が重く、話が出てこない、進まないとき 146
❷ 部下の話が長くてなかなか本筋が見えてこないとき 148
❸ チームの話し合いで険悪なムードになってしまったとき 150
❹ チーム内で意見がバラバラでまとまらないとき 152
❺ 部下から不平や不満を聞いたとき 154
❻ 部下が相手の悪口やチームの輪を乱すようなことを言ったとき 156
❼ 部下が悩みを相談してきたものの、イマイチ何に悩んでいるかわからないとき 158
❽ 部下との1on1ミーティングで空気が冷たくて話が続かないとき 160
❾ チーム内での発言を活性化し、意見が言いたくなる雰囲気にしたいとき 162
❿ プレゼンや会議でなかなか質問や意見が出ず、気まずい雰囲気になっているとき 164
⓫ 部下や相手に対して、きちんと共感していることを示したいとき 166
⓬ 部下に上から目線と思われないような受け答えをしたいとき 168

⑬ 部下から結論を迫られたものの、すぐに答えが出せないとき　170

おわりに　172

●ブックデザイン
吉崎広明（ベルソグラフィック）
●イラスト
にしだきょうこ（ベルソグラフィック）
●編集　岩川実加

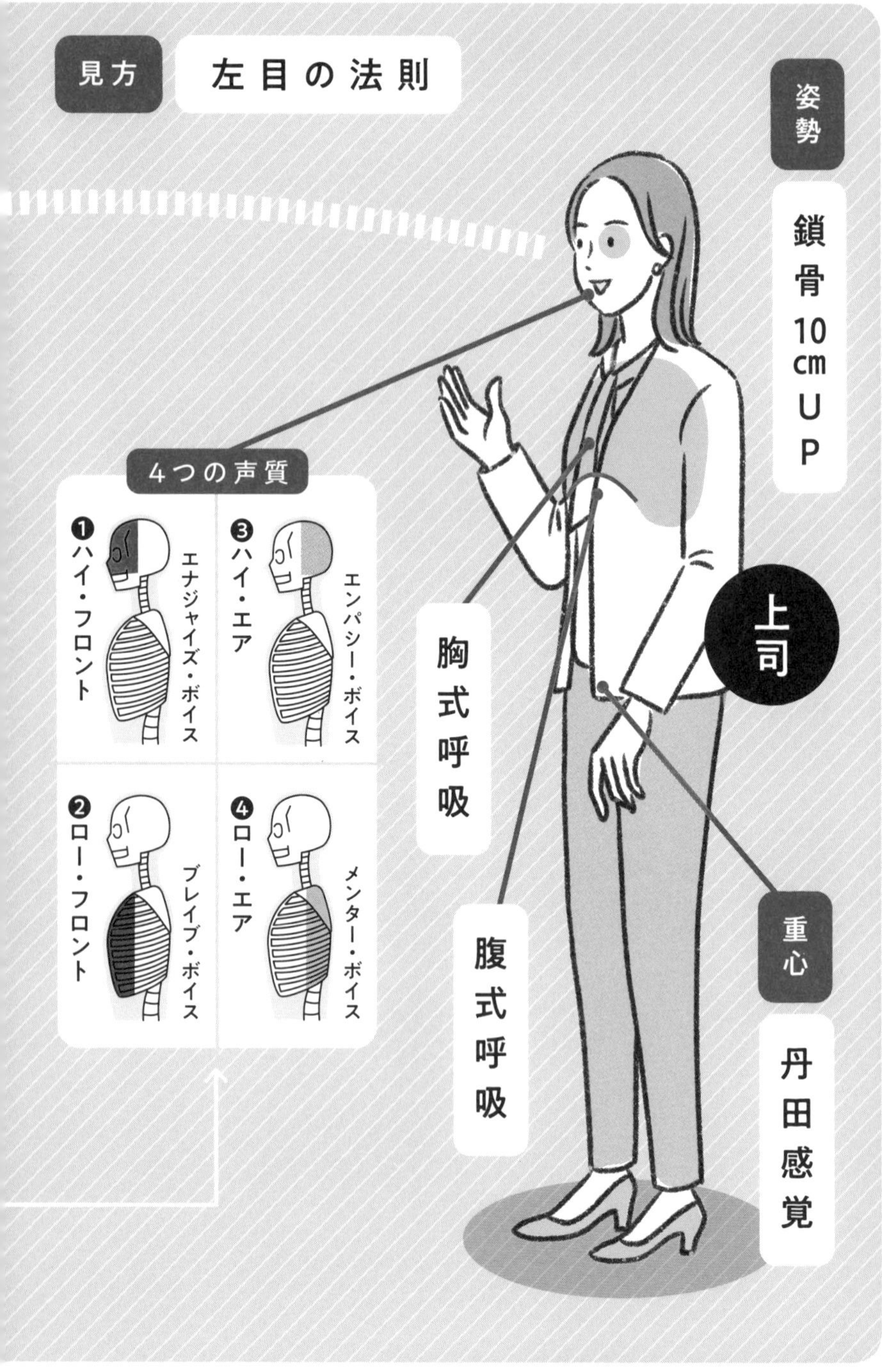
見方
左目の法則
姿勢
鎖骨10㎝UP
4つの声質
❶ハイ・フロント
エナジャイズ・ボイス
❸ハイ・エア
エンパシー・ボイス
❷ロー・フロント
ブレイブ・ボイス
❹ロー・エア
メンター・ボイス
胸式呼吸
上司
腹式呼吸
重心
丹田感覚

本書の全体像 共感されるリーダーの声の作り方・話し方

いまここ

chapter 1 共感リーダーの声と話し方とは?

chapter 2 部下のタイプ別 部下の心に響く声かけ

chapter 3 共感リーダーの声の作り方 基礎編

chapter 4 共感リーダーの声の作り方 応用編

chapter 5 共感リーダーの声の作り方 実践編

chapter 6 シーン別 部下の心に響く言葉の選び方

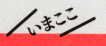

chapter

1

共感リーダーの声と話し方とは?

動画レッスンあり

部下から共感されるリーダーの声質(トーンクオリティ)には、「エナジャイズ・ボイス(ハイ・フロント)」「ブレイブ・ボイス(ロー・フロント)」「エンパシー・ボイス(ハイ・エア)」「メンター・ボイス(ロー・エア)」という4つがあります。

本章では、それぞれの4つの声の特徴について、説明します。

共感リーダーの4つの声

部下から共感されるリーダーの声を作るためには、４つの声の質感を身につけることから始まります。

このトレーニングのことを**「トーンクオリティ・トレーニング」**と呼んでいます。

多くの人が「声は生まれつき変わらない」という誤解を抱いています。

私のレッスン受講生も、約９割の方が、自分の声を嫌いだと感じながらも、声は変えられないと諦めていました。

しかし、それは大きな間違いです。

正しいトレーニングを行えば、声は必ず変わります。

本章では、共感されるリーダーの４つの声の特徴について、説明していきます。

声質マトリクス

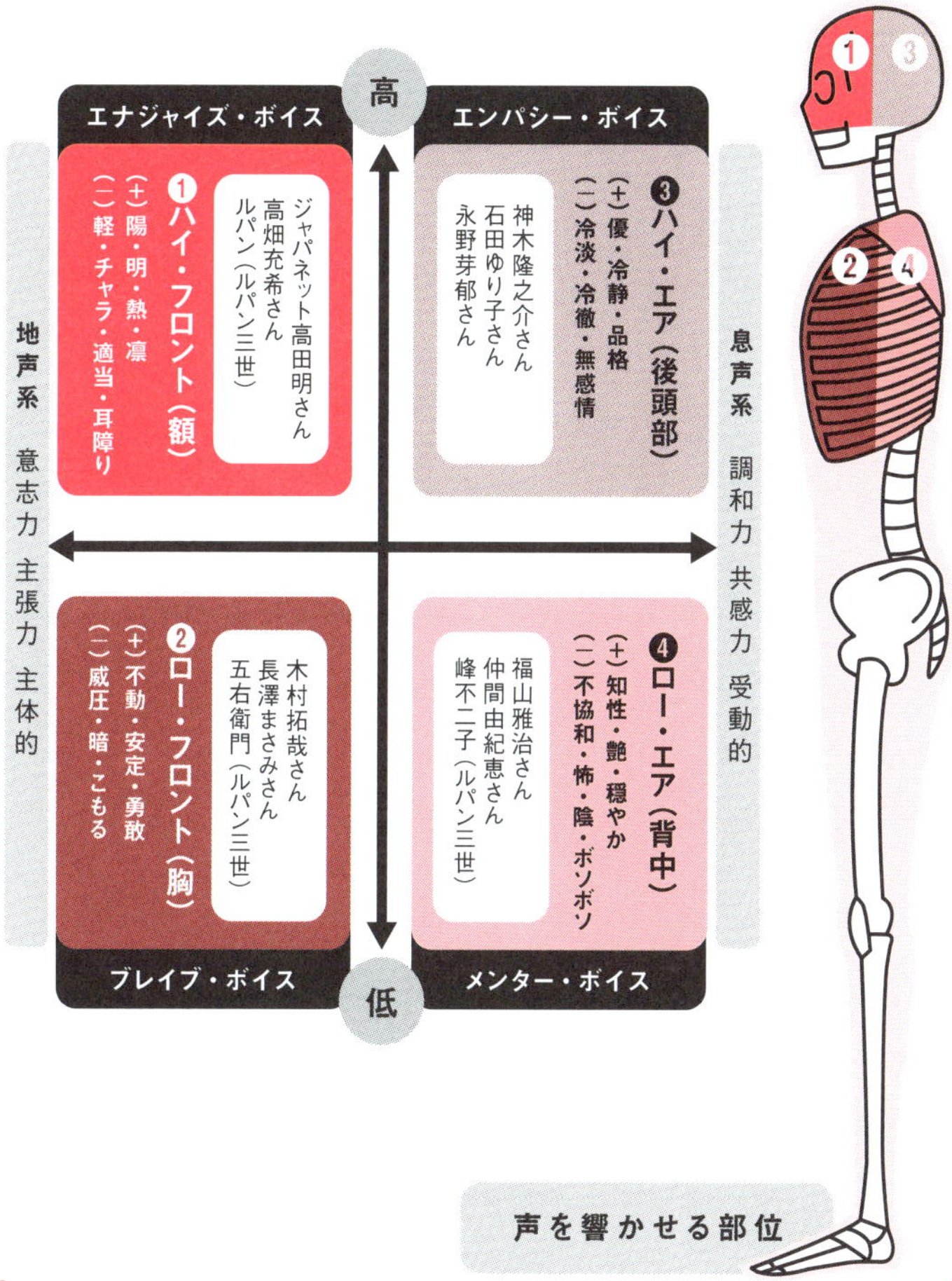
高
低
エナジャイズ・ボイス
❶ハイ・フロント（額）
（＋）陽・明・熱・凛
（－）軽・チャラ・適当・耳障り
ジャパネット高田明さん
高畑充希さん
ルパン（ルパン三世）
エンパシー・ボイス
❸ハイ・エア（後頭部）
（＋）優・冷静・品格
（－）冷淡・冷徹・無感情
神木隆之介さん
石田ゆり子さん
永野芽郁さん
ブレイブ・ボイス
❷ロー・フロント（胸）
（＋）不動・安定・勇敢
（－）威圧・暗・こもる
木村拓哉さん
長澤まさみさん
五右衛門（ルパン三世）
メンター・ボイス
❹ロー・エア（背中）
（＋）知性・艶・穏やか
（－）不協和・怖・陰・ボソボソ
福山雅治さん
仲間由紀恵さん
峰不二子（ルパン三世）
地声系　意志力　主張力　主体的
息声系　調和力　共感力　受動的
1
2
3
4
声を響かせる部位

❶エナジャイズ・ボイス（ハイ・フロント）

ENERGIZE VOICE
（HIGH FRONT）

【特徴】

明るさ・明朗さ・快活さ・熱量・エネルギー

部下や同僚に前向きなエネルギーを伝えるための明るい声です。

例えば、チームの成果を褒めるときに明るい声を使うと、相手に喜びや自信を感じさせることができます。

声質としては高めの地声系の声となります。

ハイ・フロントと名付けられています。

【声の実例】

ある企業の営業部長・田中さんは、チームのモチベーションを高めるため、毎朝のミーティングで意識して明るい声を使っています。

「みんな、おはようございます！ 今日も目標達成に向けて、ベストを尽くしていきましょう！」

こんな明るい声での田中さんの挨拶は、部下たちの士気を高め、ポジティブな雰囲気を作り出しています。

❷ブレイブ・ボイス（ロー・フロント）

BRAVE VOICE
(LOW FRONT)

【特徴】

強さ・安定感・落ち着き・揺るぎなさ・地に足がついている

決断力やリーダーシップを示すための強い声です。

例えば、プロジェクトの方向性を示す際に強い声を使うことで、チーム全体に安心感と信頼感を与えられます。

声質としては低めの地声系の声となります。

ロー・フロントと名付けられています。

【声の実例】

プロジェクトマネージャー・鈴木さんのチームは、プロジェクトの進行が滞り、締め切りに間に合わない状況が続いていました。

焦りが見えるチームの中で、鈴木さんは落ち着いた低い声でこう言いました。

「確かに進行が遅れていますが、心配はいりません。皆で協力しましょう。まずは深呼吸して落ち着きましょう。そして、今週中に必ず完了させましょう」。

この力強い言葉は、チームに鈴木さんの決断力とリーダーシップを示し、プロジェクトを成功へと導きました。

❸エンパシー・ボイス（ハイ・エア）

EMPATHY VOICE

(HIGH AIR)

【特徴】

優しさ・品性・共感性が高い・思いやり・気遣い

部下や同僚に寄り添うための優しい声です。

例えば、困っている部下にアドバイスをするときに優しい声を使うと、相手は安心して相談できます。

声質としては高めの息声系の声となります。

ハイ・エアと名付けられています。

【声の実例】

IT企業の人事担当・山田さんは、新入社員のカウンセリングで、優しい声を意識しています。

「困ったことがあったら、いつでも相談してね」。

山田さんの優しい声でのサポートは、新入社員たちに安心感を与え、早期に職場に馴染む助けになっています。

❹メンター・ボイス（ロー・エア）

MENTOR VOICE

(LOW AIR)

【特徴】

聡明さ・知性・熟練感・人生の機微に通じた・なんでも知っている感

知性や冷静さを示すための聡明な声です。

例えば、会議で複雑な問題を説明する際に、知性あふれる聡明な声を使うことで、相手に信頼と尊敬を感じさせることができます。

声質としては低めの息声系の声となります。

ロー・エアと名付けられています。

【声の実例】

エンジニアリングチームのリーダー・佐々木さんは、技術的な問題を説明する際に、これまで培ってきた経験の豊富さや、余裕を感じさせる声を意識しています。

たとえ技術的な問題が起こったとしても、落ち着いた声で対応します。

「この技術的な問題を解決するためには、まずこの部分を見直しましょう」。

佐々木さんの冷静で知的な声は、チームメンバーに信頼感を与え、問題解決の方向性を明確にしています。

部下マネジメントが苦手な人は、叱る声、褒める声を知らないから

●叱るのが苦手な理由

多くのリーダーが叱ることを苦手としています。

その理由は、**叱る声の出し方を知らないから**です。叱ると部下が萎縮したり、ハラスメントと取られないかと不安になったりすることが多いのです。

しかし、叱ることは怒ることとは違います。**叱るときの声の出し方にはコツがあります。**

例えば、部下がミスをした際に「なんでこんなことをしたんだ！」と怒鳴りつけるのではなく、「このミスはどのように防げたと思う？」と落ち着いた声で問いかけることで、部下は萎縮せずに自分で考える力を養うことができます。

●褒めるときの声の使い方

褒めるときも同様に、声の出し方が重要です。

多くのリーダーが、褒める声の出し方を知らないために、わざとらしくなってしまうことがあります。

例えば、「君は本当に素晴らしいね！」と高すぎるトーンで褒めると、相手はわざとらしいと感じてしまうかもしれません。しかし、心からの褒め言葉を落ち着いた声で伝えることで、相手は本当に自分が評価されていると感じます。

●この本で不安を払拭

本書では、叱るときや褒めるときの声の出し方について、具体的な方法を提案しています。

リーダーとして、部下と効果的なコミュニケーションを取るためには、**声のトーンと言動の一貫性、部下の特性に応じた対応、そして感情のコントロールが重要**です。

これらを意識することで、リーダーとしての不安を払拭し、自信を持って部下と接することができるようになります。すると、部下からの信頼を得られるだけでなく、チーム全体のパフォーマンスを向上させることができるようになります。

chapter 1
共感リーダーの声と話し方とは?

いまここ

chapter 2
部下のタイプ別
部下の心に響く声かけ

chapter 3
共感リーダーの声の作り方
基礎編

chapter 4
共感リーダーの声の作り方
応用編

chapter 5
共感リーダーの声の作り方
実践編

chapter 6
シーン別
部下の心に響く言葉の選び方

chapter

2

部下のタイプ別 部下の心に響く声かけ

共感されるリーダーになるためには、部下の性格やメンタルタイプを深く理解し、それぞれに適した声のトーンや伝え方を意識することが重要です。

本章では、部下を「好奇心優位型（ドリーマー）」「共感・受容優位型（アクセプタンス）」「競争・達成優位型（ビクトリー）」「安心・真実追求型（アナライザー）」の4つのタイプに分け、それぞれの特徴について、説明します。

部下の4つのタイプ別の特徴と効果的な声かけ

部下の心に響く声で言葉をかけるため、また優秀な部下を育成するためには、部下の性格やメンタルタイプを深く理解し、それぞれに適した声のトーンや伝え方、声のトーンクオリティを意識することが重要です。

本章では、部下を以下の４つのタイプに分け、それぞれの「特徴」「潜在的に持っている欲求と性格的な傾向」「かけてあげたい言葉や取るべき態度」、そして「彼らに声をかける際に相応しい声のトーンクオリティ」について、詳しく解説します。

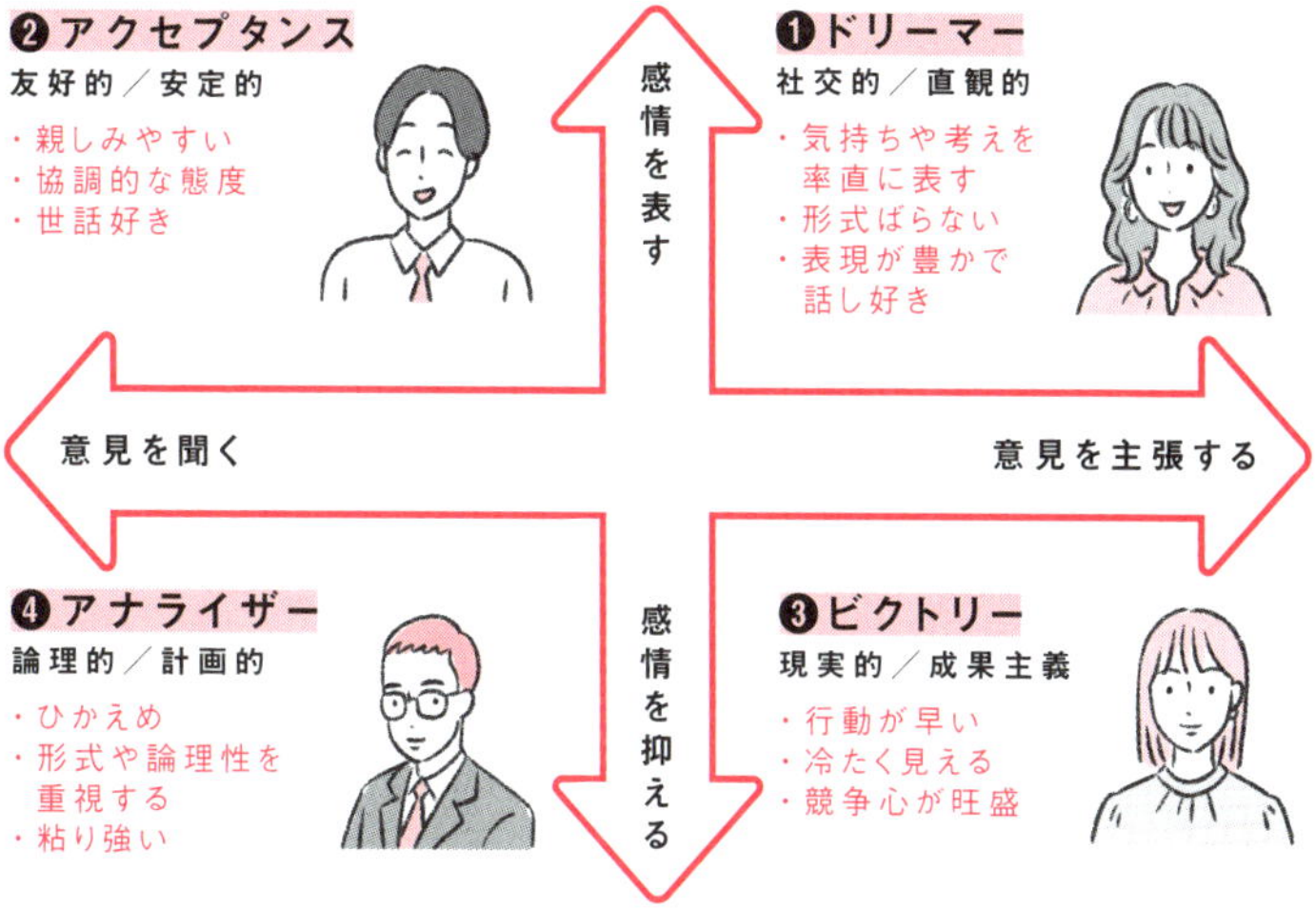

●部下の4つのタイプ

1、**好奇心優位型**（ドリーマー）
社交的／直観的

2、**共感・受容優位型**（アクセプタンス）
友好的／安定的

3、**競争・達成優位型**（ビクトリー）
現実的／成果主義

4、**安心・真実追求型**（アナライザー）
論理的／計画的

部下のコミュニケーションスタイルは多種多様ですが、**それぞれのタイプに合わせた適切なコミュニケーション方法を学ぶことで、モチベーションを高め、より良い関係を築くことができる**でしょう。

部下を理解し、それぞれに合った声かけをすることは、リーダーシップを発揮する上で欠かせないスキルです。

ぜひ、本章の内容を参考に、あなたの共感リーダーシップをさらに磨いてください。

●なぜ声のトーンクオリティが重要なのか？

声のトーンクオリティとは、地声か息の声か、声の高さや速さ、抑揚などを指します。

部下との関係がうまくいかない原因の1つに、声のトーンクオリティのミスマッチが挙げられます。

部下のタイプに合わせて適切なトーンクオリティでコミュニケーションを取ることで、意思疎通をスムーズにし、良好な関係を築くことができます。

タイプ名	特徴	部下の声の特徴	効果的なコミュニケーションスタイル
1 好奇心優位型（ドリーマー）	新しいことや変化を好み、社交的。	明るく、高めで、抑揚がある。	共感と承認を示し、彼らのアイデアを尊重する。
2 共感・受容優位型（アクセプタンス）	人とのつながりを重視し、協調性が高い。	穏やかで、温かみがあり、ゆっくりとした口調。	親身になって話を聞き、彼らの気持ちを理解する。
3 競争・達成優位型（ビクトリー）	目標達成意欲が高く、競争心がある。	はっきりとした口調で、自信に満ちている。	明確な指示とフィードバックを与え、彼らの成果を認める。
4 安心・真実追求型（アナライザー）	論理的思考力が高く、詳細な情報収集を好む。	静かで、落ち着いた口調で、事実を重視する。	論理的な説明と根拠を示し、彼らの疑問に答える。

1 好奇心優位型（ドリーマー）

DREAMER

【特徴】

〈長所〉

- 新しい挑戦を任せられることが好きで、最大限の成果を引き出すことが可能
- 自己の努力と成果を絶対的な基準で評価・賞賛されることを望む
- 笑顔が多く、朗らかで社交的
- 人間関係は広く浅く、仲間が増えることが嬉しい
- リーダーシップが取れる
- 初対面の人でも緊張せずに気軽に対応できる
- いつも話の中心にいることが多い

〈短所〉

- 場を仕切りたがる
- 話を盛って話すことがある
- 自分の経験や体験に基づく話が多い
- 感情を声に乗せて話すことが多い
- 飽き性で気分に左右されやすい

・面倒なことが嫌いで、アバウト
・自分の意見が通らないと機嫌が悪くなる
・お調子者な面がある
・早口で話す傾向がある

【潜在的に持っている欲求と性格的な傾向】

「注目されたい」「褒められたい」「認められたい」という欲求

そのため、このタイプの部下からの言葉には、まずはやりすぎなくらいの大きなリアクションで応えてあげましょう。

もしあなたが慎重派で、深く考えて物事を決めるタイプならば、彼らの言動は軽薄でいい加減に映るかもしれません。

しかし、それを頭ごなしに否定してしまうと、彼らのやる気は削がれてしまいます。

相手のノリに乗ってあげる姿勢が大切です。

【かけてあげたい言葉や取るべき態度】

・否定しない

このタイプの部下が突拍子もないアイデアや意見を言ってきても、まずは相手の考えを否定せずに指示しましょう。

部下：「会議のときにみんなでスクワットしながら議論するなんてどうでしょう？」
上司：「**面白い**考えだね。より活発な議論が期待できそうだ。一度、試してみようか」

奇抜でありえないアイデアだと思っても、まずは「面白い！」「いいね！」というリアクションを取ってあげて、明るい気持ちを維持しながら会話を続けましょう。

・冷めた態度を取らない

部下の成果が小さなものであっても、認めてあげるようにしましょう。

部下：「報告書がやっと完成しました。週末は脳みそを休めに海に行ってきます」

上司：「**本当にお疲れ様！** 心も体もリフレッシュできるといいね！」

あなたにとっては大したことがないと思う成果であっても、冷めた態度は禁物です。しっかりと労いの言葉をかけてあげましょう。

・正論や理屈を通しすぎない、論破しようとしない

細かく神経質な態度を取ったり、理屈を押し通したりすることはやめましょう。

部下：「今週は目標を下回ってしまいました。次はもっと精度を上げたいと思います」
上司：「大丈夫、誰にでもそういう週はある。今回の結果から学べることはたくさんあるよ。**来週に生かそう**」

「なんでできなかったの?」「どうしたらそんな結果になるんだ」といった言葉で相手を追い詰めることは避けましょう。

【彼らに声をかける際に相応しい声のトーンクオリティ】

・声

ハイ・フロント

・表情

明るく、大きな笑顔の表情で接するようにしましょう。

・声の大きさ

大きい声でハキハキと話しましょう。相手の声の大きさに合わせてあげましょう。

・声の高さ

やや高めのエネルギッシュな声で話しましょう。

・スピード

速めを意識しましょう。

・間

間を取りすぎる必要はありません。テンポよく話を進めていきましょう。

2 共感・受容優位型（アクセプタンス）

ACCEPTANCE

【特徴】

〈長所〉

・誠実さを大切にする
・人から必要とされたい、周りの期待に応えたいと願う
・人の面倒見がとてもいい
・お人よしで思いやりがある
・せかせかしない、呑気なタイプ
・協調性があり、他人と協力して目標を達成することを好む

〈短所〉

・周りの言うことに同調しやすい
・緊張しやすく、恥ずかしがり屋で、人見知りするタイプ
・落ち込みやすい
・「すみません！」「ごめんなさい！」が口癖になっていることもある
・リスクを避ける傾向にある
・失敗に対しての恐怖感が強く、決定に時間がかかる

【潜在的に持っている欲求と性格的な傾向】

「受け入れられたい」「共感されたい」「他人と同じでいたい」という欲求

周囲の人とうまく人間関係を築き、それを維持したい気持ちが強いタイプです。そのため、自己主張はあまり好みません。また、あるがままの自分では愛されない、必要とされないという不安があります。

そのため、このタイプの部下には、語気の強い声や言葉を使うことは避けましょう。もし、あなたがエネルギッシュでハキハキと物を言うタイプの場合、相手はその声の圧を聞くだけで脅威や不安を覚える場合があります。もしかしたらあなたは、そんな相手が自分の意見を持たない優柔不断な人に思えて、時にイライラするかもしれません。

しかし、相手は自分で決めるよりも、決められたいタイプだと知っておきましょう。

【かけてあげたい言葉や取るべき態度】

・結論を要求しすぎない

自分で決めることができないタイプなので、結論や意見を強要するのは控えましょう。

上司：「この新しい企画案について、どう思う？」
部下：「えっと、まだいくつか不確かな部分があって、どう答えていいのかわからないんですが……」
上司：「**大丈夫だよ**。まだ全部を決める必要はないからね。不確かな部分があるのは自然なことだよ。では、どんな部分が不安なのか、具体的に話してみてくれないか？」
部下：「予算の部分と、期日に間に合わせる自信がまだ持てていません」
上司：「わかった。それならば、**一緒に**予算の詳細を見直してみよう。期日についても、実際にプランを立てて、どの工程にどれくらい時間がかかるかを**一緒に**考えることから始めよう。意見を強要するつもりはないから、**自分のペースで**考えをまとめていけばいい。**一緒に**解決策を見つけていこうね」

この会話例では、上司が部下に圧をかけることなく、部下が自分の意見を落ち着いて話せるような環境を作っています。結論を急かさずに不安な点を明らかにし、それに対する支援を申し出ている点がポイントです。

・プレッシャーをかけすぎない

上司：「最近のプロジェクトはどうだい？　進行状況について聞かせてくれないか」
部下：「正直、いくつかつまずいていて、うまくいっているとは言い難いです……」
上司：「そうか、課題があるのは仕方がないことだよ。今はどんな点で困っているの？」
部下：「データ分析の際、予想外の結果が出て、次にどう進めればいいか悩んでいます」
上司：「なるほどね。でも、すぐに答えを出さなくてもいい。**一緒に**データを見ながら、原因を探ってみよう。**私も**過去に似たような経験があるから、1つずつ問題を解決していけばいい。ここで重要なのは、**互いに**学びながら前に進むことだからね」
部下：「ありがとうございます。そのお申し出、とても助かります」
上司：「いつでも相談してくれたらいい。こちらも**協力する**準備はできているから、無理なプレッシャーを感じる必要はないよ。**一緒に**取り組んで、良い解決策を見つけ出そう」

この会話では、上司が部下にプレッシャーをかけることなく、問題点に対する理解を示して支援を申し出ています。理論での論争を避けて協力的な態度で接することが、部下に安心感を与え、プロジェクトへの取り組みを円滑に進める助けになります。

【彼らに相応しい声のトーンクオリティ】

・声

ハイ・エア／ロー・エア

・表情

優しく、穏やかな表情と声で接するようにしましょう。

・声の大きさ

大きい声は必要ありません。相手に威圧感を与えない声のボリュームを探しましょう。

・声の高さ

やや低めの落ち着いた声で話しましょう。

・スピード

ゆっくりと伝えることを意識してみましょう。

・間

相手が考えているときは、十分に間を取って話を進めましょう。

3 競争・達成優位型（ビクトリー）

VICTORY

【特徴】

〈長所〉

- 強い信念を持った言動をする
- 堂々とした態度や言動をする
- 勝負事が好きで勝利を求める
- 行動を優先する
- 無駄が嫌いで、段取りよく事が進むのを好む
- リスクを取ってチャンスをものにすることを好む
- 失敗に対しての恐怖感は薄く、チャレンジすることが好き

〈短所〉

- ぶっきらぼうに見えることがある
- 白黒をはっきりとつけたい
- 相手が敵か味方かを瞬時に判断する
- 遠慮せずにはっきりと物を言う
- 協調性はあまり高くない

【潜在的に持っている欲求と性格的な傾向】

「競争に勝ちたい」「目標を達成したい」「やり遂げたい」という欲求

自分の意見を主張することを好み、責任感と達成意欲が強いタイプです。課題や逆境に対しても、屈することなく立ち向かうことにやりがいを感じます。

逆に、うまくいかないときには怒りが込み上げてきて、攻撃的な態度を取ることがあります。そのため独善的、高圧的と受け取られることもあります。

また、他人に支配やコントロールされることへの不満と不安を持っています。

【かけてあげたい言葉や取るべき態度】

このタイプは、たとえ相手が上司であっても、自分をコントロールされることを嫌います。

目標達成の意欲は高いため、目標を明確に定め、フォローする意識で接しましょう。

上司：「君の手掛けているプロジェクトについて話し合いたい。目標についてはどう考えている？」

部下：「私なりの目標は設定しています。それに向かって自分で計画を立てて進めていきたいと思っています」

上司：「素晴らしいね。**具体的な目標を持っているのは良いことだ。**私の役割は君がその目標に向かってしっかり進めるようサポートすることだから、必要なリソースやサポートがあればいつでも言ってくれ」

上司：「次の四半期の目標について、君の意見を聞かせてほしい」

部下：「私は、自分自身で高い目標を設定して挑んでみたいです。また、進め方についても自由に決めたいと思っています」

上司：「**それでいいと思うよ。**自分で立てた計画と目標に基づいて進めてくれ。**君が自主的に動くことは会社にとっても価値がある。**ただ、どこかで行き詰まったり、新しいアイデアが必要になったりしたときは、一緒にブレストしよう。目標達成のために私たちはチームだからね」

これらの会話例では、上司が部下に対して支配的な態度を取らず、部下が自分自身の目標に向かって自主的に動けるように、適切なサポートを提案しています。

部下の自律性を尊重し、目標達成に向けた明確なサポートを表明することで、良好な関係を築いていています。

【彼らに相応しい声のトーンクオリティ】

・声

ハイ・フロント／ロー・フロント

・表情

真剣な眼差しで、感情を抑えて接するようにしましょう。

・声の大きさ

大きめの声で（相手の声よりやや小さめで）話しましょう。

・声の高さ

低めの落ち着いた声で話しましょう。

・スピード

ハキハキと早口くらいで伝えることを意識してみましょう。

・間

間を取りすぎる必要はありません。テキパキと必要なことだけを伝えるイメージで話しましょう。

4 安心・真実追求型（アナライザー）

ANALYZER

【特徴】

〈長所〉

・自分の能力やスキルを高めることを好む

・感情に左右されず冷静沈着なイメージを持っている

・細かいことに気がつく

・自分の仕事や職責に責任感を持っている

・雑談が苦手だが、自分の得意分野ではおしゃべりになる

・真面目で黙々と与えられた仕事をこなす

〈短所〉

・一見暗い印象を与えることがある

・人の気持ちに関心がないように見られがち

・初めての仕事には恐怖感を抱く

・神経質で気が小さく、ビビりな側面も持っている

・言い訳が多くて周りから嫌われることがある

・我慢強く、人に助けを求めることが苦手

【性格的な傾向と潜在的に望んでいる欲求】

「自分の能力やスキルを高めたい」「なぜ（理由）を知りたい」という欲求

このタイプは、真面目で、自分の能力やスキルを高めることに力を注ぎます。

その背景には、自分の無力さを自分が一番わかっていて、無能感を感じているということがあります。それゆえに、自分の能力を高めることに時間を費やすことで「安心感」を得たいと考えているのです。

【かけてあげたい言葉や取るべき態度】

このタイプには、無駄な雑談や、気合いなどの感情的な態度で動かそうとすると、逆効果になります。相手の関心を持つポイントを見極めることが大切です。

上司：「この新しい市場調査の方法、非常に面白いアプローチをしているね。どうやって思いついたのか、そのプロセスを教えてほしいな」
部下：「あ、ありがとうございます。実は最新のテクノロジーを使って、従来の方法より効率的にデータを収集する方法を考えたんです」
上司：「それは素晴らしいね！ **もっと詳しく聞かせて。**それを活用すれば、私たちの調査がもっと革新的になるかもしれない。君のアイデアをチームに展開する方法についても一緒に考えてみよう」
上司：「先週の会議での君のプレゼンテーション、本当に興味深かったよ。特に解析の部分がね。その考え方について**もっと教えてくれないか？**」
部下：「はい、その分析手法には自信があって、色んな角度からデータを見ることができるんです」
上司：「**それは聞いてみたい！** 次のミーティングでその分析手法についてプレゼンテーションしてくれないか。他のメンバーも君のアイデアから学ぶことがたくさんあるはずだから」

これらの会話例では、上司が部下の仕事に対して積極的に関心を示し、部下の専門知識やアイデアを尊重している様子が伺えます。

これによって部下は自分の仕事に対する自信を深め、さらなる情報共有や貢献へと動機付けられます。

【彼らに相応しい声のトーンクオリティ】

・声

ハイ・フロント／ハイ・エア

・表情

表情が乏しく何を考えているかわからないタイプであっても、こちらは笑顔で接しましょう。

・声の大きさ

大きすぎる声は必要ありません。相手と同程度の声の大きさで話しましょう。

・声の高さ

相手の声の高さに合わせて、やや高めの声で話しましょう。

・スピード

テキパキとしたスピード感で無駄のない話をしましょう。相手はだらだらと話すのを嫌います。

・**間**

間を取りすぎる必要はありません。テキパキと必要なことだけを伝えるイメージで話しましょう。

COLUMN 1

部下を褒めるのが苦手なリーダーへ贈る！「声」「目」「口」の法則

「部下を褒めるのは苦手なんだよね……」。

多くのリーダーが抱える、この悩み。実は、褒めることへの誤解が原因かもしれません。

褒めることは、単なるお世辞や社交辞令を言うことではありません。**あるべき行動、行為に対してプラスのストロークを送ることで、その望ましい行動、行為を継続させること**です。

つまり、**感情は度外視していい**のです。

では、どのように褒めれば、部下は喜び、やる気もアップするのでしょうか？

ポイントは、声の出し方と話し方にあります。

●言葉は、声と表情（目の形と口の形）で決まる！

1、声の種類：
褒める際には、ハイ・フロントかハイ・エアを使います。

2、目の形：
「微笑目」：親しみを込めたにこやかな眼差しで相手を見ることを言います。

相手の左目の黒目の中の光を見つめるように意識すると効果的です（P88参照）。

3、口の形：
MJ型：好感度抜群の民放女子アナウンサーがバラエティー番組などで話す際の口の形です。**「あ段、い段、う段、え段」の発音をすべて笑顔（口角が上がった「い」の口の形）で話す**ように意識しましょう。

●褒める言葉のNG例とOK例

NG例：抽象的で具体性がない

「まあ、頑張ったね」（抽象的で具体的な行動が伝わらない）

「さすが○○さん、いつも素晴らしいですね！」（お世辞のように聞こえる）

OK例：どの点が望ましいか理由をつけて伝える

「このプレゼン資料、構成が分かりやすく、説得力がありました。特に、○○の部分は素晴らしいですね！」（具体的な行動を褒める）

「○○さんの丁寧な説明のおかげで、お客様が安心して契約してくれたようです。本当に素晴らしい対応でした！」（具体的な行動と成果を褒める）

褒めることは、部下を励まし、モチベーションを高めるだけでなく、リーダーと部下の信頼関係構築にも役立ちます。

声の出し方、話し方を意識して、部下を効果的に褒めてあげましょう！

●さらに褒める効果を高めるための追加ポイント

1、タイミング：
早ければ早いほど効果的。良い行動を見かけたら、すぐに褒めるようにしましょう。
2、頻度：
毎日少しずつ、褒める機会を増やしていきましょう。
3、個別性：
部下ひとりひとりの個性や強みに合わせた褒め方を心がけましょう。
4、感謝の気持ち：
褒める際には、感謝の気持ちを伝えることも忘れずに。

これらのポイントを踏まえて、部下が喜び、やる気がアップする褒め方を体得しましょう！

chapter 1
共感リーダーの声と話し方とは?

chapter 2
部下のタイプ別
部下の心に響く声かけ

いまここ

chapter 3
共感リーダーの声の作り方
基礎編

chapter 4
共感リーダーの声の作り方
応用編

chapter 5
共感リーダーの声の作り方
実践編

chapter 6
シーン別
部下の心に響く言葉の選び方

chapter

3

共感リーダーの声の作り方

基礎編　動画レッスンあり

本章は、共感されるリーダーの4つの声質（トーンクオリティ）を身につけるトレーニングの基礎編です。

4つの発声を身につけるには、「センターコア（丹田意識）の確立」「舌リリース（舌リラックスワーク）」「表情コントロール（姿勢&顔）」「呼吸コントロール（胸式呼吸力&腹式呼吸力）」というステップを踏む必要があります。順を追ってチャレンジしてみましょう。

共感される声を作るステップ

本章は、4つの声質（トーンクオリティ）を身につける方法の基礎編です。

声を変えていくためのステップを細分化して解説しています。

私の指導スタイルは、失敗体験を極力抑えることに焦点を当てています。

短期間で声を変えるためには、スキル習得ステップにおいて、しっかりと成功体験を積み重ねていく必要があるからです。

失敗は脳に強く刻まれて記憶となり、苦手意識を生み出します。そのため、失敗の記憶をなるべく残さないようにし、成功体験を繰り返させるアプローチを大切にしています。

言いかえると、「失敗させない」レッスンを心がけているのです。

鍵は、確実な成功を感じられるよう、スキルを細分化して学べるようにすることです。

最短で声を変えたいと希望される方こそ、順を追ってチャレンジしてください。

急ぐ必要は全くありません。1つ1つ丁寧におこなっていけば、必ずあなたの声は変わります。楽しくチャレンジしていただけたら嬉しいです。

声質マトリクス

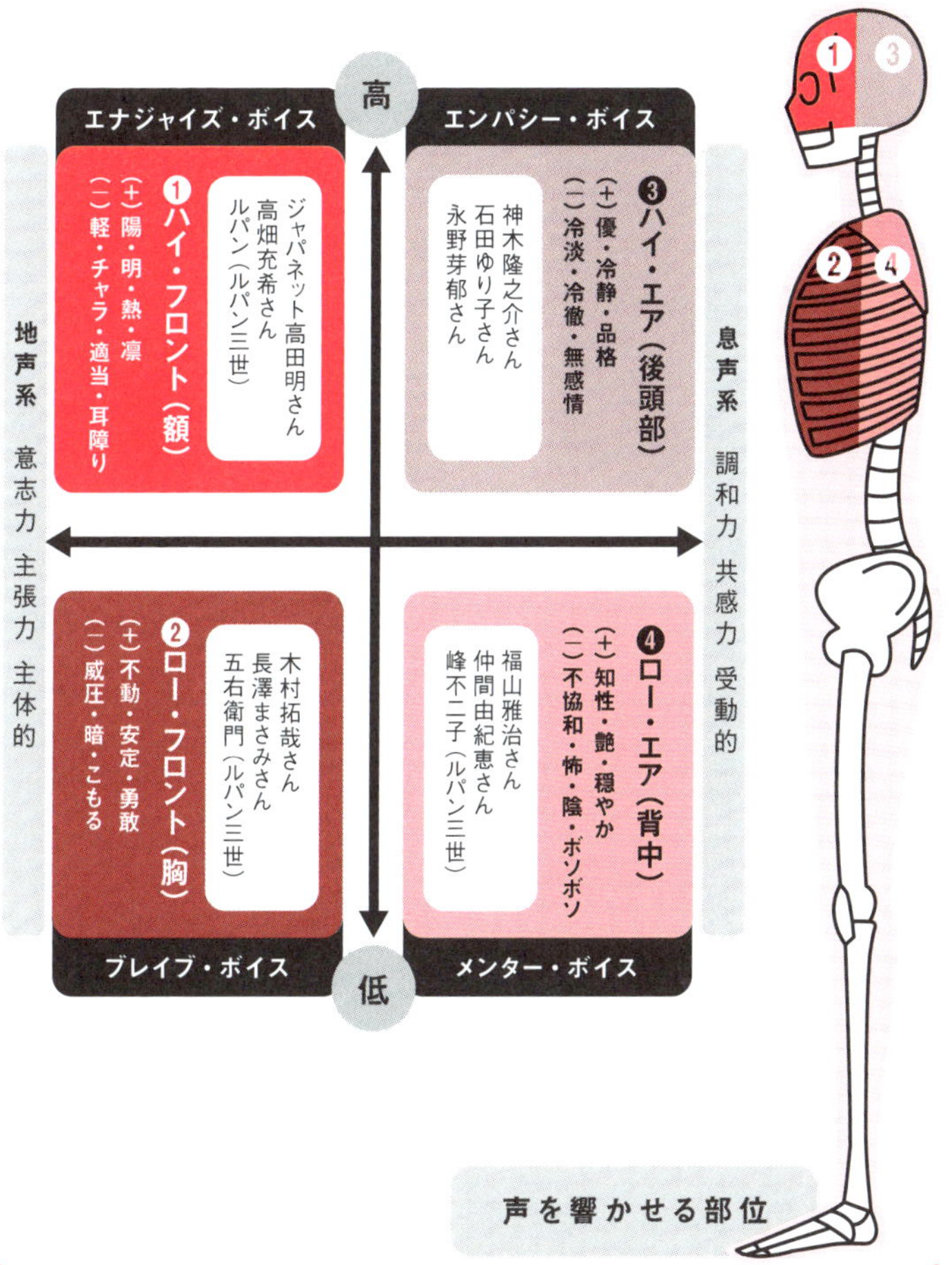

高
エナジャイズ・ボイス
ジャパネット高田明さん
高畑充希さん
ルパン（ルパン三世）
❶ハイ・フロント（額）
（＋）陽・明・熱・凛
（－）軽・チャラ・適当・耳障り
エンパシー・ボイス
❸ハイ・エア（後頭部）
（＋）優・冷静・品格
（－）冷淡・冷徹・無感情
神木隆之介さん
石田ゆり子さん
永野芽郁さん
地声系
意志力 主張力 主体的
息声系
調和力 共感力 受動的
木村拓哉さん
長澤まさみさん
五右衛門（ルパン三世）
❷ロー・フロント（胸）
（＋）不動・安定・勇敢
（－）威圧・暗・こもる
ブレイブ・ボイス
❹ロー・エア（背中）
（＋）知性・艶・穏やか
（－）不協和・怖・陰・ボソボソ
福山雅治さん
仲間由紀恵さん
峰不二子（ルパン三世）
メンター・ボイス
低
1
3
2
4
声を響かせる部位

ステップ0
センターコア（丹田意識）の確立

身体には丹田と呼ばれる場所があります。

丹田はおへそから指3本分ほど下、身体の深部に位置しています。


発声において、丹田への意識はとても重要です。

歌手や俳優は、丹田に重心を置いて声を出すことを意識しています。**丹田に重心を置くことで、声帯や呼吸筋にリラックスをもたらし、より深くて力強い声が出せる**からです。声に安定感が生まれ、長時間の発声でも疲れにくくなります。

リーダーとして発する言葉や声に、「深みと説得力」が加わります。


また、丹田は、体の重心であるだけでなく、心の安定の源とも言われています。**「気」の集まる場所とされ、ここに意識を集中することで、心を落ち着ける効果があります。**

リーダーとして、ストレスやプレッシャーを感じたときや、集中力を高めたいとき、丹田に意識を向けることで、心を静めることができます。

そのため、センターコア（丹田意識）の確立は、非常に重要な概念です。

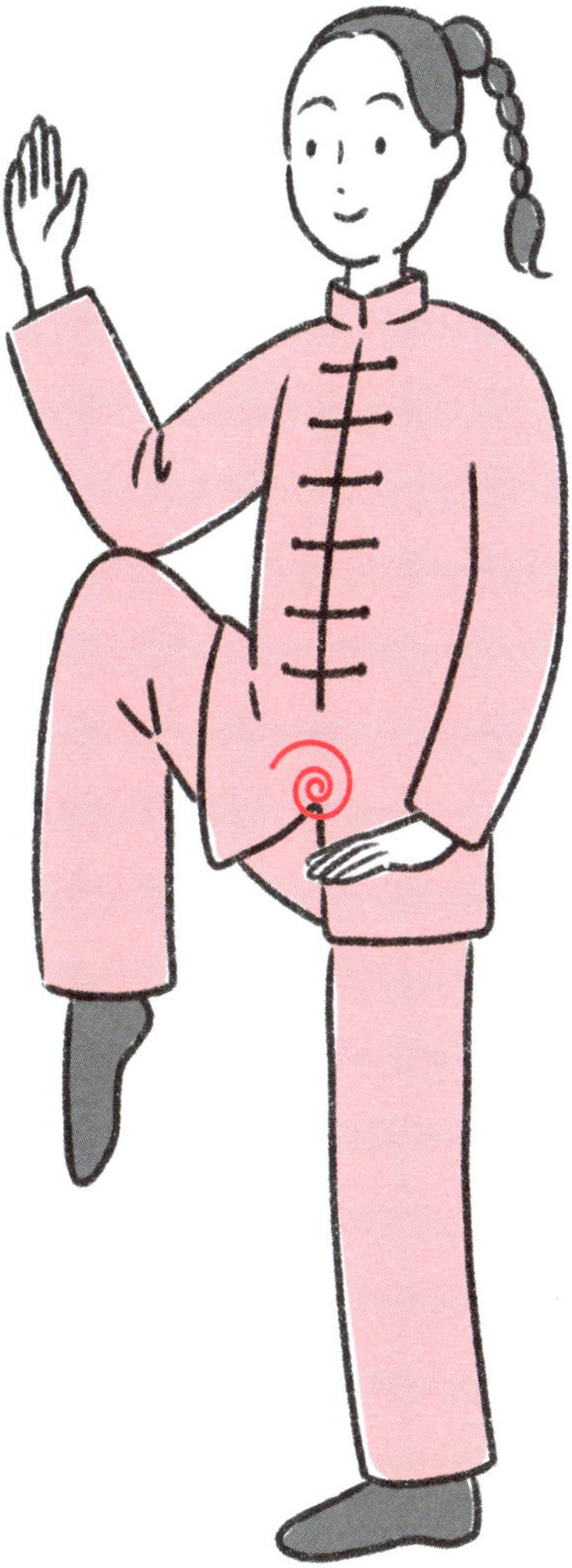

センターコアを確立する「ペットボトルマン」イメージング

【実践ワーク】

まずは、握り拳を作り、肩や首などの上半身に思いっきり力を入れた状態で、「あー」と声を出してみましょう。

その感覚を覚えておいてください。

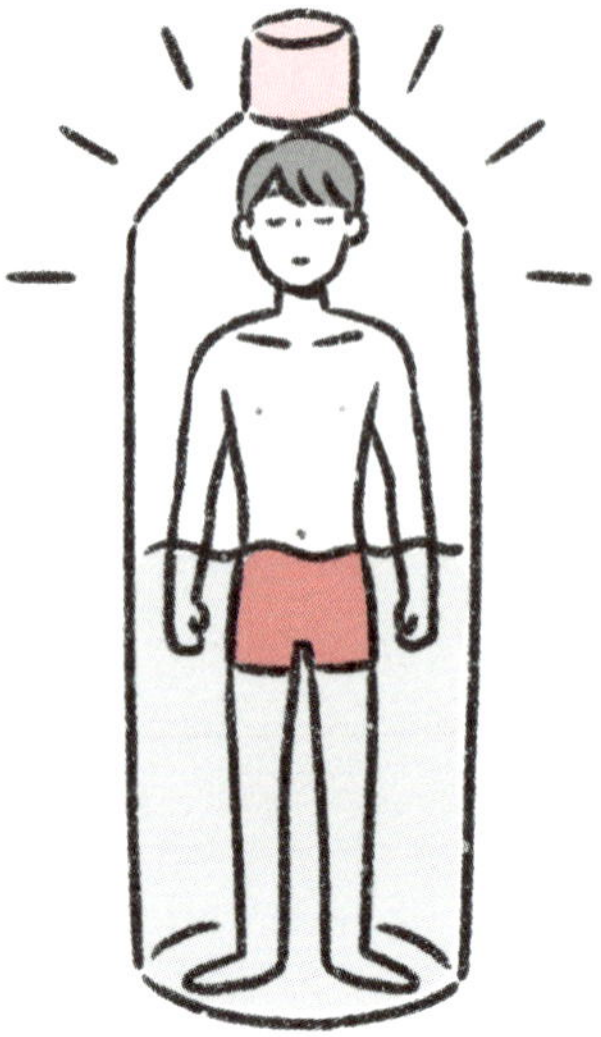

【手順】

① イラストのように自分の身体が空のペットボトルになったイメージをして、立ってみてください。

② そのまま目を閉じて、おへそから下に水がたっぷり入っているイメージをしてみてください。

すっと力が抜けていく感覚が持てるのではないでしょうか。

これは丹田で重心バランスが取れている証拠です。座っているときも、同じようにおへそから下に水が入っているペットボトルをイメージして座ってみましょう。

普段、猫背の人も、自然にスッと背筋が伸びるのが感じられるはずです。

歩くときや普段の動作も同様に、丹田に重心が落ちている感覚を常態化させましょう。

それでは、ペットボトルマン状態で「あー」と声を出してみましょう。

力を入れた状態よりも、ペットボトルをイメージした方が、断然楽に声が出せるのに気づくはずです。

リラックスして声を出しているあなたを見て、部下はあなたに余裕や自信を感じとります。

ステップ1 舌リリース（舌リラックスワーク）

以下のような声や喉の症状はありませんか？

- 声がこもる、通らない
- 喉に不快感、異物感・異常感がある
- 喉に違和感があるが、病院で検査をしても原因がわからない

周囲からはなかなか理解されにくい悩みですが、喉の不調は呼吸や発声、食事など、日常生活の様々な場面に影響を及ぼすため、とっても辛いですよね。

喉の不調のために、リーダーとして消極的な印象を与えたり、自信なさげな話し方をする人だと思われたりするのは、とてももったいないことです。

ここ数年、これらの症状を訴える受講生の数は、とても増えた印象があります。

喉の不快感やつかえを経験する方には、共通点が見られます。

それは、**ストレス解消が苦手な方、不安や不満を押し隠してしまう性格傾向の方**であるという点です。

舌ポジチェック

私は、ボイストレーニングのレッスンの際に、必ずチェックすることがあります。

それは、生徒さんに口を縦に開いていただいた際の、舌のポジションです。

辛い症状を抱える方の多くは、**「舌引きこもり」**症状を抱えています。

これは、**口を開けたときや話すときに、無意識に舌が喉の奥に後退している状態**を言います。

この状態で話すと、喉の不快感や異物感、喉が詰まった感覚を生み出します。

通りの悪いこもった声や、声のかすれの原因にもなります。

通る声を出すためには、話をする際、下の歯の裏に舌先がある状態で話す必要があります。

正しい舌ポジを取り戻す「舌リリース」エクササイズ

【実践ワーク】

練習の前と後で声の変化を確かめるために、まずはスマホの録音機能などを使って、下記の例文を録音してみてください。

【例文】

こんにちは。このたびは打ち合わせの機会をいただき、まことにありがとうございます。

【手順】

①顔を正面に向けて、ハンカチやガーゼなどで舌先をつまんでください。
②舌を真正面に引っ張り出しながら「あー」と3秒間声を出します。
③②を3回繰り返します。

たったこれだけで、喉もリラックスした状態で話すことができます。

それでは、例文をもう一度録音しながら読み、変化を確認してみましょう。

いかがでしょうか？

喉の緊張がとれ、通る声が楽に出せたのではないでしょうか。

声のトーンクオリティを自在に操るためのトレーニングとして、毎日1分で良いので、取り組んでみてください。

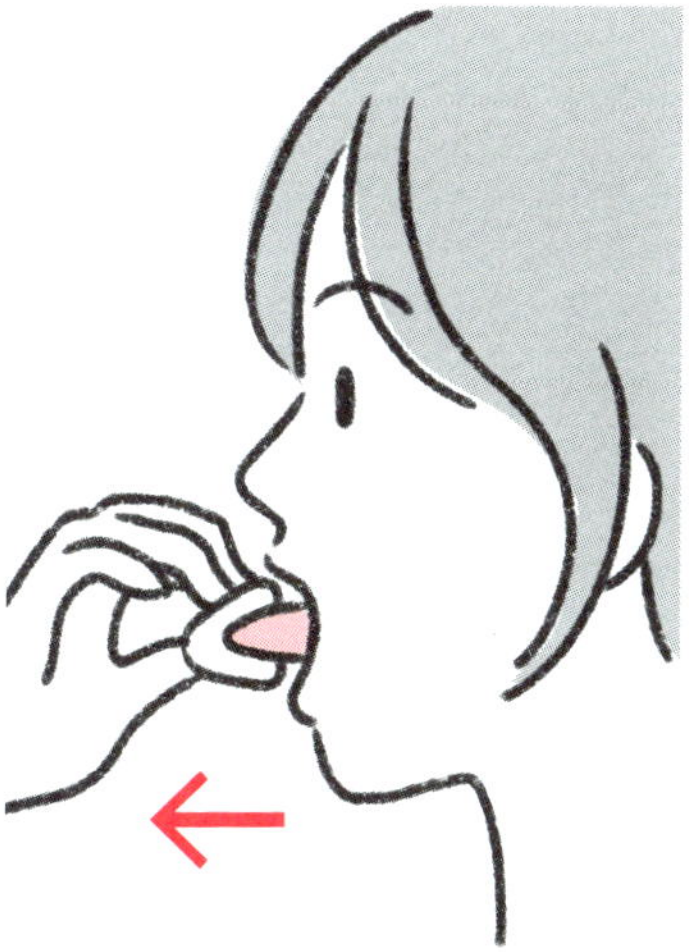

ステップ2

表情コントロール（姿勢&顔）

表現とは、「話す内容」「発する声」「表情」「感情・メンタル」の4つで構成されます。

部下の方々は、あなたが「話す内容」だけで、あなたが共感できるリーダーか否かを判断しているわけではありません。

ホリスティック（総体的）に、あなたを評価しているのです。

私は、**まず「表情」を意識してください**とお伝えしています。

「表情」とは文字通り、「表に醸し出しているあなたの情報」です。

それは何も、**顔の表情だけではありません。姿勢も表情の1つ**になります。

ここでは、部下から共感されるリーダーになるために必要な2つの表情、「姿勢の表情」と「顔の表情」についてお話しします。

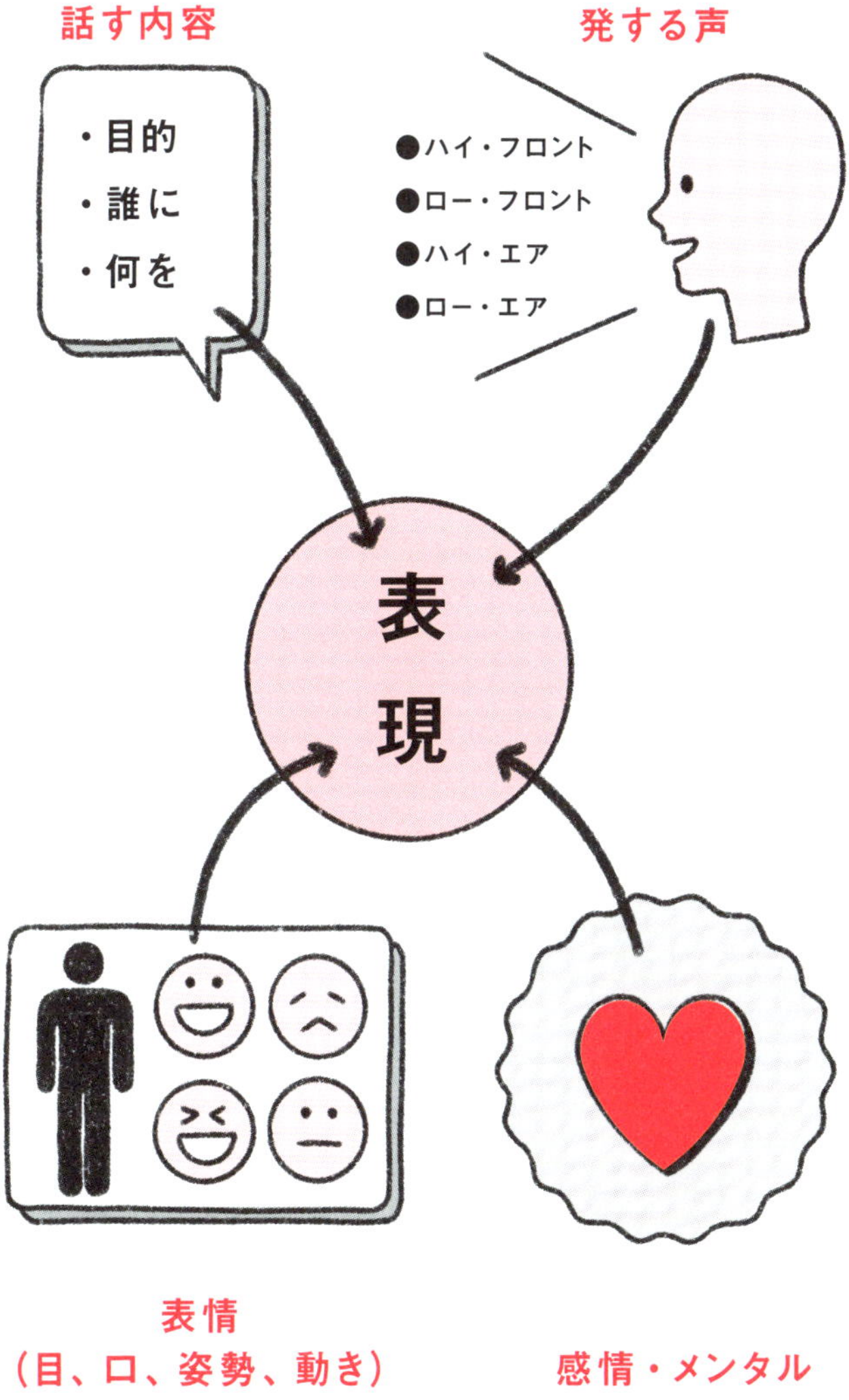
話す内容
・目的
・誰に
・何を
発する声
●ハイ・フロント
●ロー・フロント
●ハイ・エア
●ロー・エア
表現
表情
（目、口、姿勢、動き）
感情・メンタル

●共感リーダーは姿勢作りの達人

「なんだかこの人、自信ありそうに見えるなー。でも威張っているとかそういうところはなくて、自然体だなー」。あなたの周りにそんな人はいませんか？

自然体だけど威張った感じがしない、相手になめられない、堂々とした姿勢を手に入れましょう。

ポイントは鎖骨です。

スクールで指導してきた経験から、猫背の人に共通する、ある特徴を発見しました。それは、**根本的に心が優しすぎる人が多い**ということです。

心が優しいのは素敵なことですが、リーダーの立場になったときに、内面の優しさが外見の自信のなさとして映るのは、とても残念なことです。

とはいえ、心を変えるのは、すぐには難しいかもしれません。しかし、姿勢は、今すぐにでも改善できます。

「私は部下を守る強い気持ちを持っています」という意思を姿勢で発信するのです。

姿勢を正そうとするとき、多くの人が背筋をピンと伸ばそうとしますが、猫背気味の人が急にそうしようとすると、後ろに倒れそうになり、そのバランスをとろうとして首が前に出て、猫背が再発してしまいます。

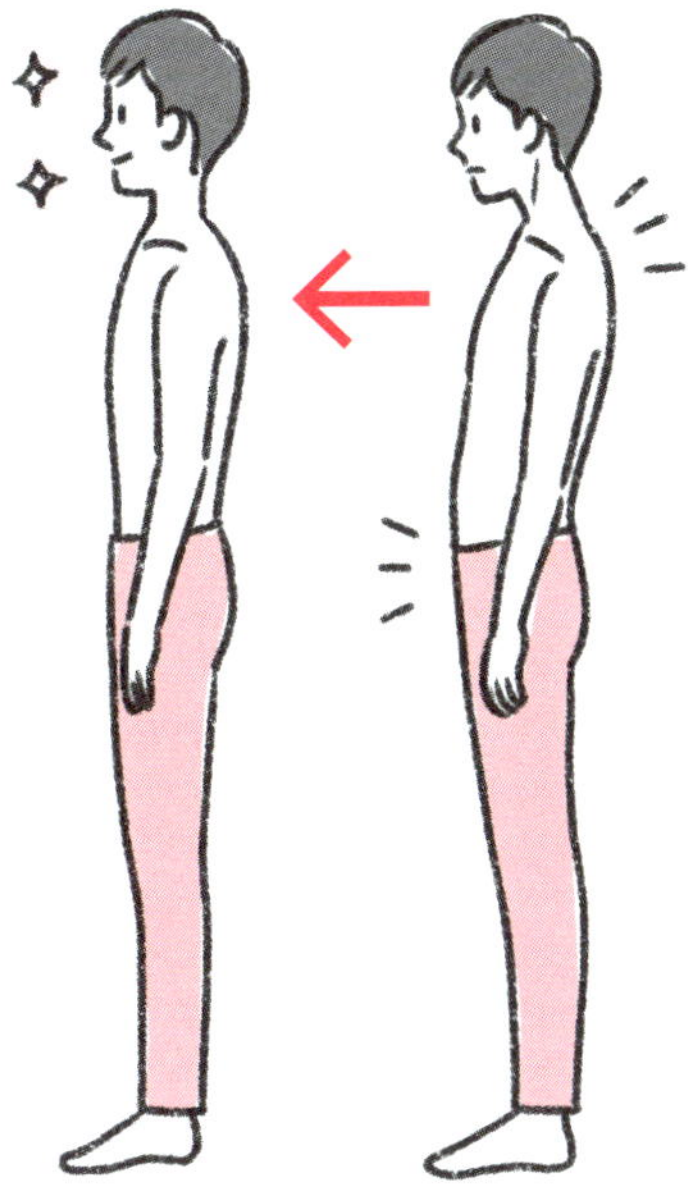

なので、**鎖骨を10センチ真上に引き上げるイメージの姿勢をとりましょう。**

すると、相手にはあなたの姿が、自然体でありながら堂々としているように映ります。

●共感リーダーは表情作りの達人

上司がいつも怖い顔をしていると、スタッフは緊張したり心配になったりするものです。逆に表情がないと、何を考えているか読み取れずに不安になります。

企業研修に伺うと、お会いする**管理職の方々には、感情表現が苦手という方が多い**です。**そういった方々は、特に顔の筋肉が硬くなりがち**です。この硬さは、口元や頬の周りに顕著に見られます。

顔の表情の硬さは、姿勢からも影響を受けています。猫背で肩が前に巻いている人は、不安定で自信がないように映りがちです。その姿勢に連動して、顔の表情まで暗くなってしまうのです。

大切なのは、姿勢と顔の両方に「生き生きとした表情」を持つことです。

部下から共感されるリーダーになるために、表情を豊かにする方法をお伝えします。

表情が豊かになる顔筋リリースエクササイズ

豊かな表情を作るためには、以下の筋肉をリリースする必要があります。

・**大頬骨筋《だいきょうこつきん》、小頬骨筋《しょうきょうこつきん》**

口角を斜め上に持ち上げるために使われます。心のこもっていない愛想笑いや作り笑いをすると、カチカチに固まります。

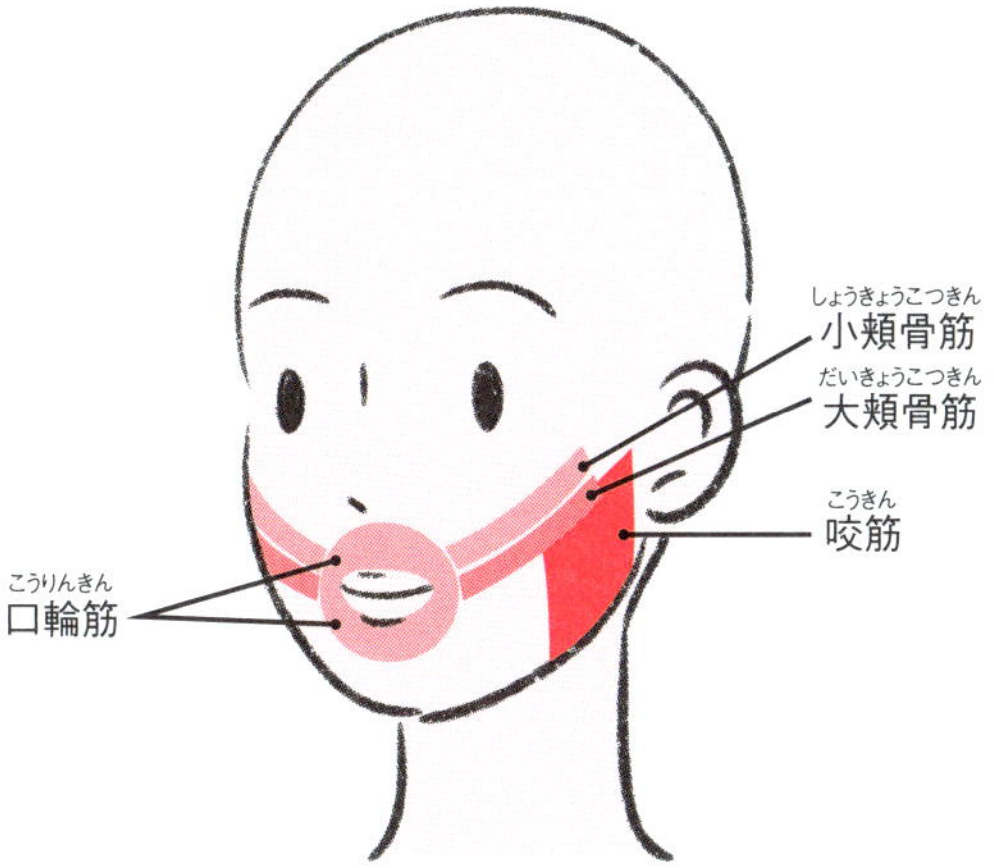

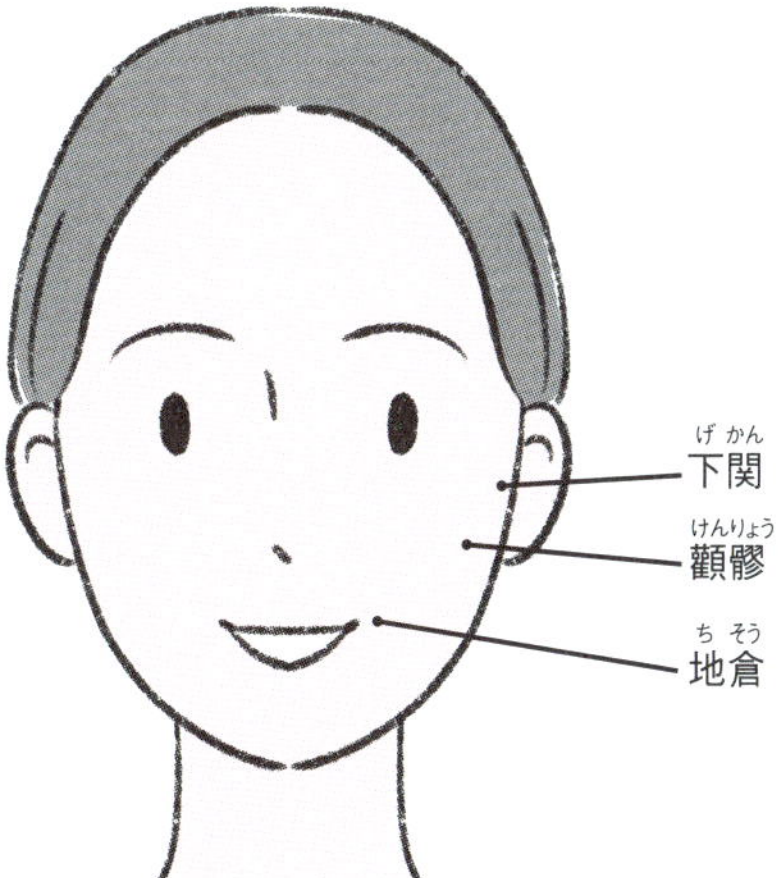

普段から笑顔が少ない方は、この筋肉が痩せ衰えて口角が下がりっぱなしになり、不自然な緊張感が漂った笑顔になります。

・咬筋《こうきん》

咬筋がコリ固まっていると、口を開けるのがしんどくなります。結果、口を開けずにボソボソとした自信なさげな話し方になります。

・口輪筋《こうりんきん》

この筋肉が衰えている方は、気がつくと口がぽかんと開いた表情となり、だらしない印象を与えてしまいます。

これらの筋肉群をリラックスさせるエクササイズを紹介します。

特に以下の3つは、声のクオリティをコントロールする際にも、緩めておきたいツボです。

これらを緩めると、自然で豊かな笑顔、温和な表情で話せるようになります。

●顴髎《けんりょう》

目尻から垂直に下に降りた線と、鼻下側から水平に伸びた線が交差するツボです。頬骨《ほおぼね》の下。

親指で骨の内側に指を入れて押し上げながら、「いーうーいーうーいーうー」と30秒ほど繰り返します。

●下関《げかん》

耳の穴から頬骨に向かって指を移動させると、骨がくぼんでいるところです。口を開けるとへこんで、閉じると張り出すところです。

両手の中指で左右のこのツボを押した状態で、「あーうーあーうーあーうー」と30秒ほど繰り返します。

●地倉《ちそう》

口角の外側、ほうれい線ができるところです。

ここを押さえながら、「うーいーうーいーうーいー」と30秒ほど繰り返します。

一瞬で部下の心を掴む！共感リーダーになるための左目の法則

あなたは部下と話をする際に、どこを見てお話しされていますか？

眉間？ 鼻？ 口？ 両目？

私がお勧めしているのは「相手の左目の黒目の中の光」を見るということです。

コミュニケーションが苦手なリーダーからの相談として多いのが、「相手のどこを見て話したらいいのか」というものです。

私が受講生100人にアンケートをとったところ、80％の方が「相手の眉間を見て話している」と答えられました。しかし、そんな方に限って、「部下と話をするときに、なんだか落ち着かない。ドキドキしてしまう」と答えられていました。

そのドギマギ感を部下が悟って、頼りないと思われないか、心配になるそうです。

確かに、相手の眉間を見て話すと、相手から見ると目が合っているように見えます。

しかし**これでは、あなたにとっては、相手の顔がぼやけた「のっぺらぼう」と対話をしている状態**です。そりゃ怖いし、不安になりますよね。

これからは、相手の左目の黒目の中の光（自分から見て相手の右側の目）に向けて言葉を届けてください。

心のドキマギがおさまり、落ち着いた気持ちで相手と話をすることができるようになります。

相手の左目は、相手の潜在意識と繋がっています。**心の深い部分で繋がり合い、自分の言葉が届いている。**そんな風にイメージしてみましょう。

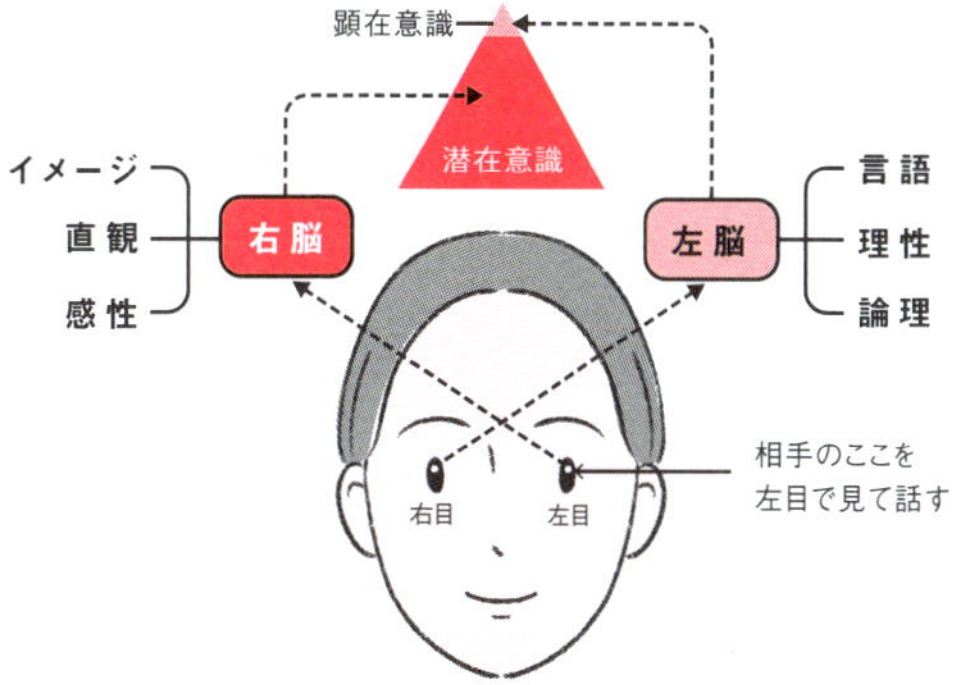

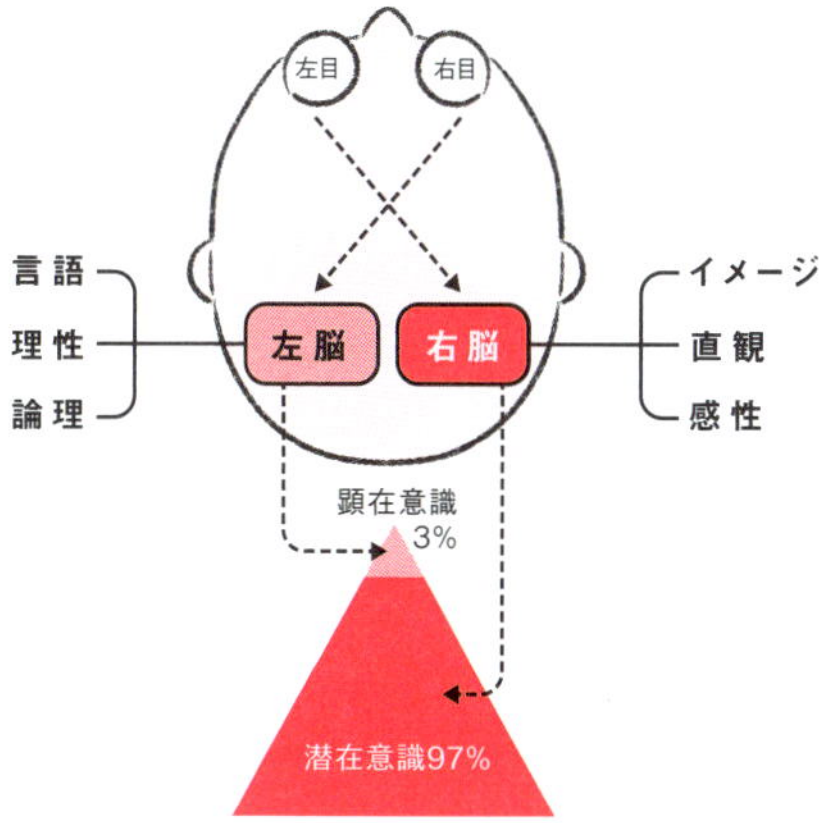

視線を変えたことで、良い結果に結びついた例を1つご紹介します。

ある部門長がチームミーティングでプレゼンテーションをおこなった際のことです。部下と深くコミュニケーションをとりたいと考えた部門長は、意識して部下の左目の黒目に映る光を見ながら話すようにしました。すると、普段はあまり積極的に意見を言わないメンバーからも、積極的なフィードバックが得られたのです。

視線の変化が、部下に安心感を与え、オープンなコミュニケーションを促進した例です。

そのほかにも、これまで相手の目を見て話すことが苦手だった方からの感想として、「人としっかりと目を合わせて話せるのがこんなに楽なんだと気づけた」「相手の細かい感情まで自分の心の中に流れ込んでくる感覚がわかった」といったお声をいただきました。時には安堵と喜びで、涙ぐんでお話しされる方もいらっしゃるほどです。

●声にもいい影響が

これまで眉間や鼻を見て話していた方は、**声も、ただなんとなく発していたはず**です。

しかし、**声を届ける目標ができた瞬間に、聞き返されることは格段に減ります。**

また、たとえ相手に聞き返された場合でも、その原因が明確になります。

そしてこのように、**円滑なコミュニケーションのためのリソースが蓄積していきます。**

・声が小さかったから聞き返してきたのか
・相手が聞く態勢に入っていなかったから聞き返してきたのか
・相手が話の内容について無知で情報不足だから聞き返してきたのか

↓

・この距離感ならこの音量で伝えたらいい
・この部下にはもう少し具体的でわかりやすい言葉で伝えたらいい
・この部下は理解するのに少し時間を要するので、返事は少し待ったほうがいい

【実践ワーク】

部下に限らず、日ごろ会う全ての人の左目の黒目の中の光に向けて、挨拶(おはよう、お疲れ様)やお礼の言葉(ありがとうございます)などを届けてみましょう。

ステップ3 呼吸コントロール（胸式呼吸力&腹式呼吸力）

●共感リーダーは「呼吸マスター」

「息」という字は「自らの心」と書くように、呼吸は心の状態を映し出す鏡です。

共感リーダーは、この「心の鏡」である呼吸と心の繋がりを深く理解し、**呼吸を意識的にコントロールすることで、心の安定とパフォーマンスの向上を実現しています。**

私が指導したリーダーの方々も、呼吸法を日々の生活に取り入れることで、その効果を実感されています。

「朝から活力が湧くようになった」「ストレスに強くなった」「人前で話すのが楽になった」など、喜びの声が多数寄せられています。

呼吸を整えることは、心を整え、さらには声の質をも向上させることに繋がります。

突然ですが、実験をしてみましょう。

5秒間「アーーー」と声を出してみてください。3秒くらい経ったところで息を止めてみましょう。すると、声が出なくなりますよね。

発声するには息が必要なのです。

共感リーダーに必要な、安定した声を出すには、呼吸のコントロールが欠かせません。「話しているとすぐ疲れる」「長時間話すと息が切れる」などの症状を訴える方は、普段から呼吸が浅い傾向があります。

その状態だと、トーンクオリティどころではなくなります。

●腹式呼吸と胸式呼吸をバランスよく鍛える

呼吸が浅くなる原因は、胸式呼吸と腹式呼吸のバランスが取れていないからです。

私たちは1日に約2万回も呼吸していますが、肺自体には筋肉がないため、周囲の筋肉によって動かされています。

特に「横隔膜」と「肋間筋」が主要な呼吸筋として肺の動きをサポートしています。

これらの筋肉は、効率的な呼吸のために重要な役割を果たしています。

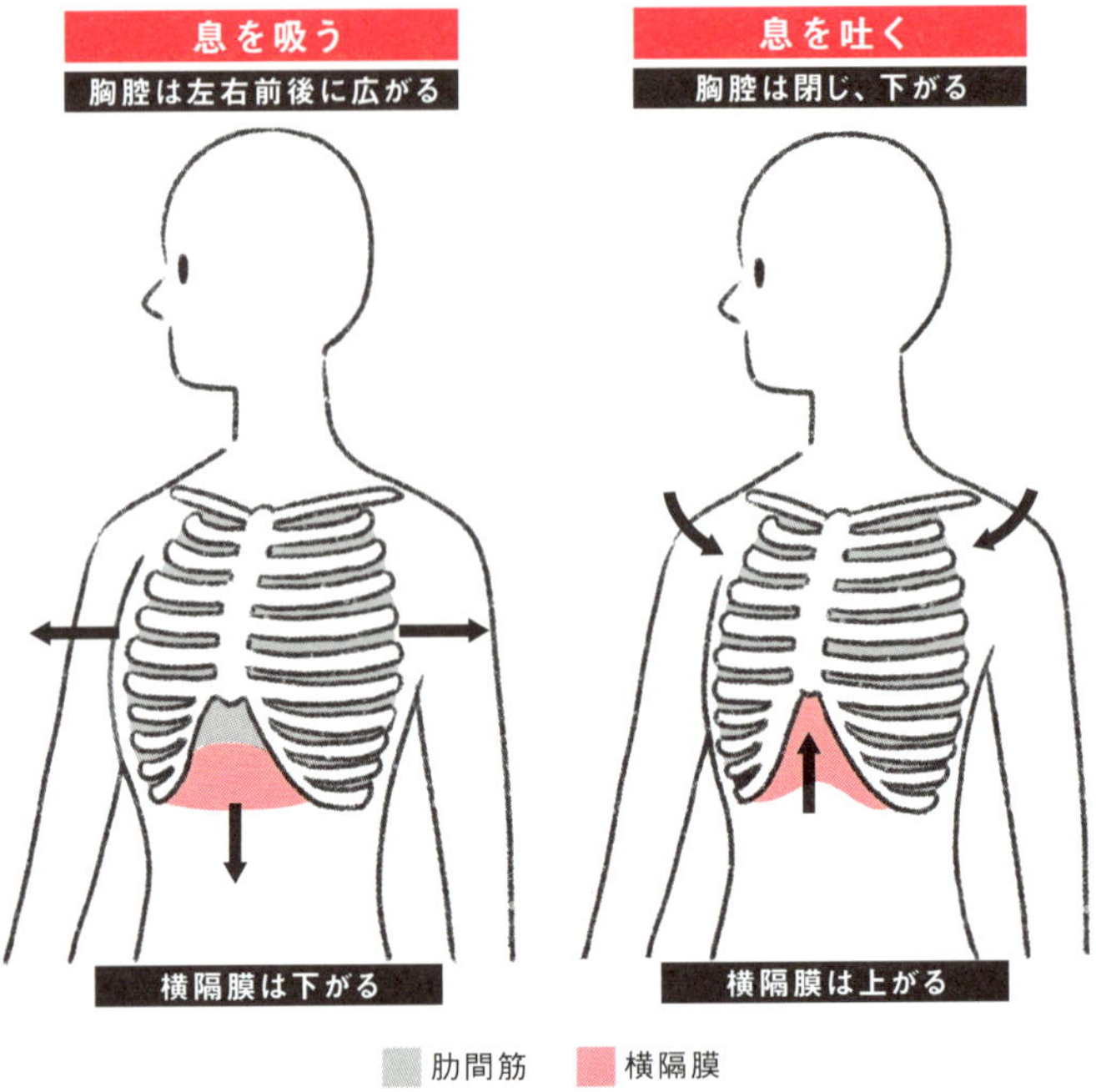

横隔膜は腹式呼吸を、肋間筋は胸式呼吸を担っています。

横隔膜には自律神経が集まっているため、腹式呼吸は自律神経を刺激して副交感神経を優位にし、リラックスをもたらします。

しかし、肋間筋が固くなって動かなくなると、横隔膜の動きも悪くなり、結果として腹式呼吸がうまくできなくなります。

その**肋間筋の機能を高める呼吸法が胸式呼吸**です。

●アクシデント、パニックに備えて胸式呼吸力を高める

胸式呼吸の役割としては、酸欠になった際に素早く呼吸を取り込んで息を整えることがあります。交感神経を優位に働かせるので気持ちを上げるのにも役立ちます。

たしかに、腹式呼吸で呼吸ができることは理想です。

しかし、日常生活でストレスを感じたり、パニックになったりしたときに、落ち着いて腹式呼吸をする余裕がないことってありますよね。

そんなときに、**胸式呼吸の機能を高めておくことで、パニック状態でも浅い呼吸を素早く回避して、通常の呼吸に戻すことができます。**

これからご紹介するワークは、座ったままでも、仰向けに寝転がったままでも、立ったままでも、やりやすい方法でおこなってください。

※体調がすぐれない場合は避けてください。

【実践ワーク】

ここでは基本的な腹式呼吸のトレーニングをご紹介します。

【手順】

①鼻から息を吸います。

おへそ周りが自然に膨らむのを感じてください。丹田が膨らんで大きくなっていくイメージです。

②口から息を吐き出します。

細く長く強く吐き出すイメージで、10秒から15秒かけて吐いてください。お腹がへこんでいくのを感じてください。

③①②を1分間繰り返します。

腹式呼吸

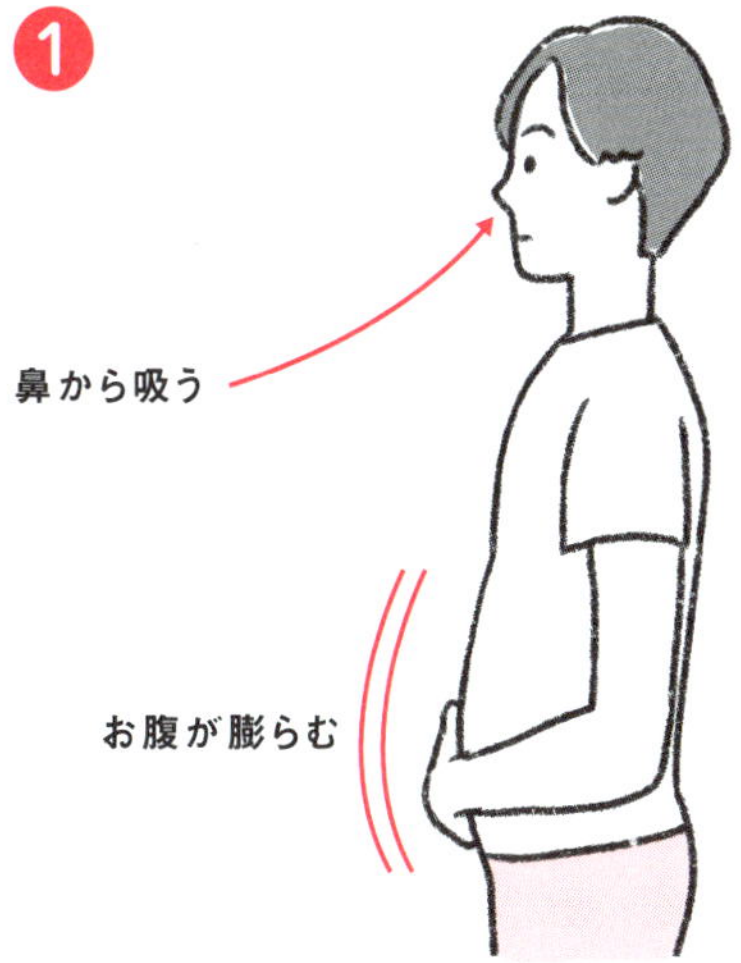

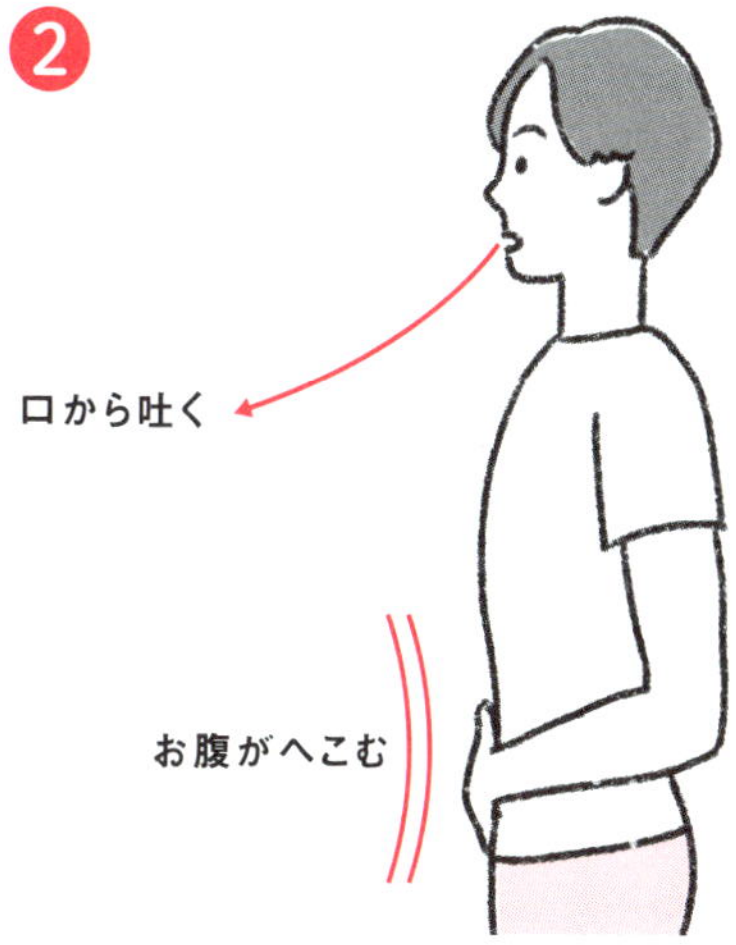

胸式呼吸力を高める（胸式呼吸トレーニング）

【実践ワーク】

ここでは基本的な胸式呼吸のトレーニングをご紹介します。

【手順】

①息を吐きます。
肺に入った空気を口から吐き出します。肺の空気を絞り出し、吐き切るイメージです。
息を吐きながら肛門を締め上げるイメージでやってみましょう。
左右のあばら骨をみぞおちに寄せるイメージで行いましょう。

②息を吸います。
お腹を薄くぺちゃんこにしたまま、息を吸います。
あばらの隙間に空気を行き渡らせるイメージで、あばら（バストの下あたり）まで押し広げるように膨らませます。深い呼吸をしながらも、余計な力を抜くことが理想です。

胸式呼吸

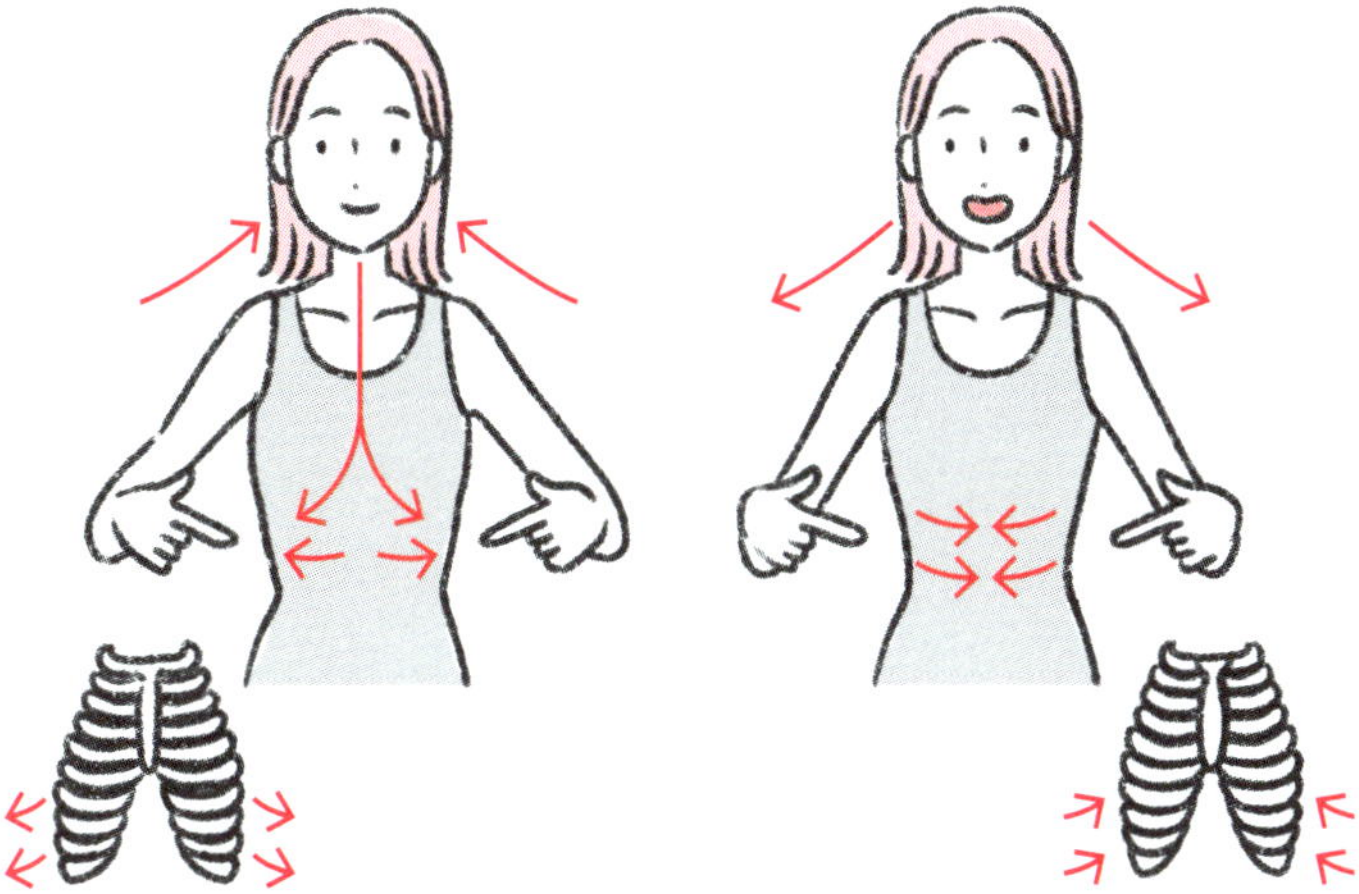

③ ①②を1分間繰り返します。

集中力が高まり、頭がスッキリします。

また、突発的に起きたトラブルや、相手からのきつい言葉に対しても、動揺しない攻めのメンタル力が身につきます。

内圧式逆腹式呼吸法

【実践ワーク】

胸式呼吸力、腹式呼吸力を高めたら、これを発声に生かすための呼吸法&発声法をご紹介します。

【手順】

①息を吐きます。
肺の空気を全て吐き出します。お腹を薄くします。

②息を吸います。
鼻から息を吸います。みぞおち、おへそ周りが膨らむのを感じてください。

③息を吐きます。
お腹の膨らみをキープしたまま息を吐き、吐き切るまで続けます。

内圧式逆腹式呼吸法

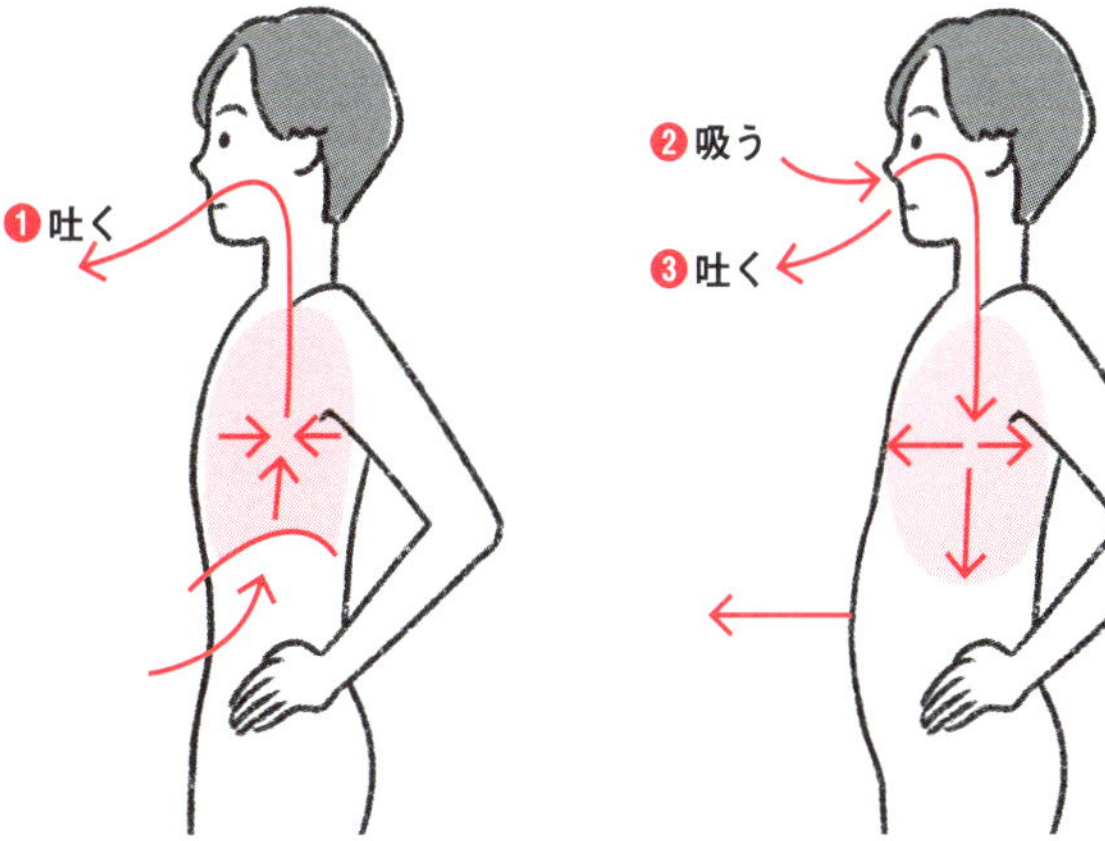

④ ①〜③を1分間繰り返してください。

⑤ 発声と統合します。

最後に、お腹を膨らませて息を吐き出すと同時に「はーーー」と声を出します。

お腹は膨らんだまま声を出すのがポイントです。

腹内圧が高まり、その圧力をキープして息と声を同時に出します。

最初は5秒くらい声を出すところからスタートし、最後は15秒を目標にします。

chapter 1
共感リーダーの声と話し方とは?

chapter 2
部下のタイプ別
部下の心に響く声かけ

chapter 3
共感リーダーの声の作り方
基礎編

いまここ
chapter 4
共感リーダーの声の作り方
応用編

chapter 5
共感リーダーの声の作り方
実践編

chapter 6
シーン別
部下の心に響く言葉の選び方

chapter

4

共感リーダーの声の作り方

応用編　動画レッスンあり

本章は、共感されるリーダーの4つの声質(トーンクオリティ)を身につけるトレーニングの応用編です。

4つの発声を身につけるには、「喉を開く感覚を身につける」「お腹から声を出す感覚を身につける」という2つの基本要素をクリアする必要があります。

それぞれについて、順番に解説します。

4つの発声を身につける2つの基本要素

本章は、4つの声質（トーンクオリティ）を身につける方法の応用編です。

ここまで、自由自在に声のトーンクオリティを操るために、必要な身体や呼吸のメンテナンスの方法をお伝えしてきました。

いよいよここから、4つの声のトーンクオリティを身につけるための、具体的な発声トレーニングをおこなっていきます。

4つの発声を身につけるには、以下の2つの基本要素をクリアする必要があります。

1、喉を開く感覚を身につける

2、お腹から声を出す感覚を身につける

声質マトリクス

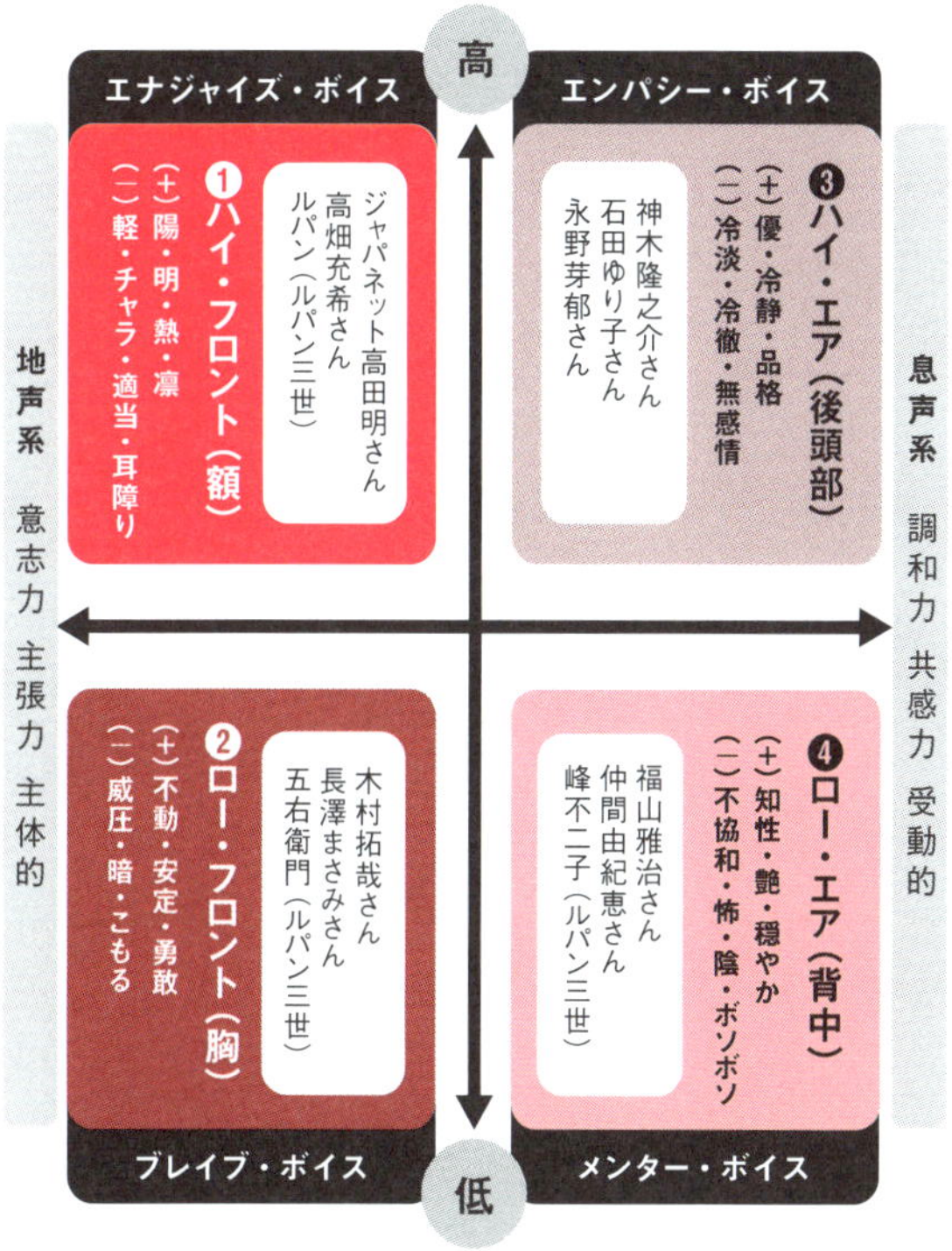

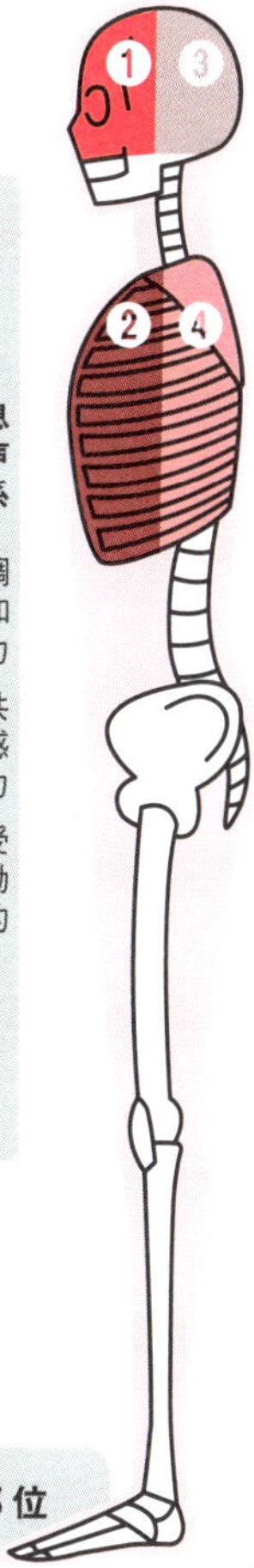

声を響かせる部位

基本要素1 喉を開く感覚を身につける

●喉を開くとは

魅力的な声を手に入れるには、「喉を開く」技術が不可欠です。

喉が開くというのは、軟口蓋が上がり、舌根が下がることで呼気の流れがスムーズになり、楽に声が出せる状態を言います。

具体的には、軟口蓋が持ち上がることで鼻腔への空気の流れが遮られ、舌根の下降が空間を確保し、より豊かな共鳴を生み出します。

イメージとしては、あくびをしたときのように喉が自然と広がり、声が温かく、澄んだ音色で響いた状態と似ています。

この「喉が開いた状態」を保ちながら、リラックスして深い呼吸をおこなう練習を重ねることで、クリアで力強い発声を実現し、声の質を向上させることができます。

日頃の会話からプレゼン・スピーチまで、**軟口蓋のリフトと舌根の下降を意識することで、声の表現の幅がぐっと広がります。**

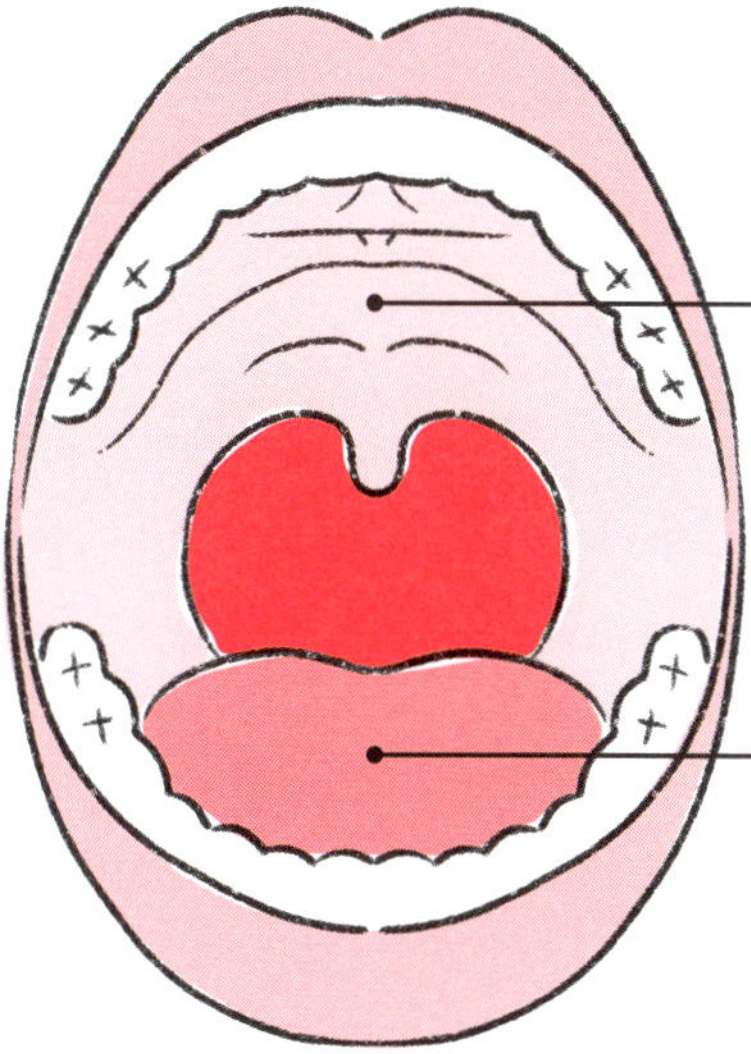

【実践ワーク】

喉を一瞬で開くための、あくびを使った発声練習の手順をご説明します。

【手順】

①最初に、あくびをしながら「ふぁ〜」という音を出しましょう。
この行動を３回繰り返します。これを「ＡＫＢ１００％」と呼びます。

②次に、その「ＡＫＢ１００％」を保ちつつ、次の短いフレーズを読んでみてください。
「おはようございます」「ありがとうございます」「よろしくお願いします」

③「あくび度数」を「１００％」から「50％」「10％」に下げながら、同じフレーズを読みます。
「あくび度数」を下げるとは、あくびをしたときの喉の開きを保ちながら、言葉の明瞭さを

増すことを意味します。チェックのために、スマートフォンで録音してみると良いでしょう。

…… ポイント ……

あくび声から通常の声へ段階的に移行する理由は、舌根に力が入る癖がついてしまうことを避けるためです。

あくび声では、声の響きは得られるものの、舌に力が入り、こもった声を引き起こしやすくなります。

徐々にあくび度数を下げることで、喉の奥が開いた感覚を維持しつつ、明瞭で通る声を身につけることができます。

【中級編】Air-AKB発声法

退屈な会議などで、あくびをしそうになって口を閉じて我慢した経験はありませんか？
そんなとき、口の奥の方（軟口蓋）が上に引き上げられる状態になりますよね。
そうなんです。**あくびを我慢する感覚と喉を開く感覚は同じ**なんです。

【実践ワーク】

ここでは、あくびを我慢した際に喉が開く感覚を利用した発声法「Ａｉｒ－ＡＫＢ発声法」をご紹介します。

この発声法を身につけることで、自然な会話の中で、瞬時に喉を開いて話すことができるようになります。

【手順】

①あくびを我慢する感覚を再現します。

あくびを抑えるような感覚を意識しながら、口を閉じたままであくびをするようにします。

この状態を5秒間維持し、3回繰り返します。

② 口を開けて声を出します。

①の状態を再現して、喉が開いた状態を保ちながら、口を開けて「あー」と発声します。

1回の発声は5秒間、これを3回繰り返します。

③ 言葉や文章を読んでみます。

②の状態で「あー」という声を出すことに慣れてきたら、簡単な言葉から始めて、次第に短い文章を読む練習をします。

例えば、以下の例文を試してみてください。

「私たちはチームで協力してプロジェクトに取り組んでいます」

④ 口を笑顔にしてＡｉｒ－ＡＫＢ発声法を行います。

最後に、笑顔を作ってからＡｉｒ－ＡＫＢ発声法で声を出す練習をします。

「私たちはチームで協力してプロジェクトに取り組んでいます」

基本要素 2
お腹から声を出す感覚を身につける

リーダーは時に、力強く大きな声で話すことが求められます。

例えば、大人数の前でプレゼンテーションをするときや、チームの士気を高めたいときなどです。

大きな声で話すと、自信に満ちた印象を与え、聞き手の注意を引きつけ、メッセージをより強く伝えることができます。

反対に、声が小さいと、自信がなく頼りない印象を与え、聞き手は話に集中しにくくなります。

リーダーシップを発揮するためには、声の大きさも重要な要素の1つと言えるでしょう。

あなたは子供の頃、小さい声で話していると、親や学校の先生に「腹から声を出せ」と言われたことはありませんか？

これは非常に抽象的でわかりにくい表現ですよね。

腹筋に力を入れて声を出せばいいと思って、下っ腹にグッと力を込めたり、下っ腹を引っ込めたりして、声を出そうとした方もいるのではないでしょうか。

実は、**腹式発声をするためには、お腹に力を入れる必要は全くありません。**

むしろ、力は抜いたほうが、お腹から声は出せるようになります。

この感覚が身につくと、力を入れなくても大きく通る声が楽に出せるようになります。

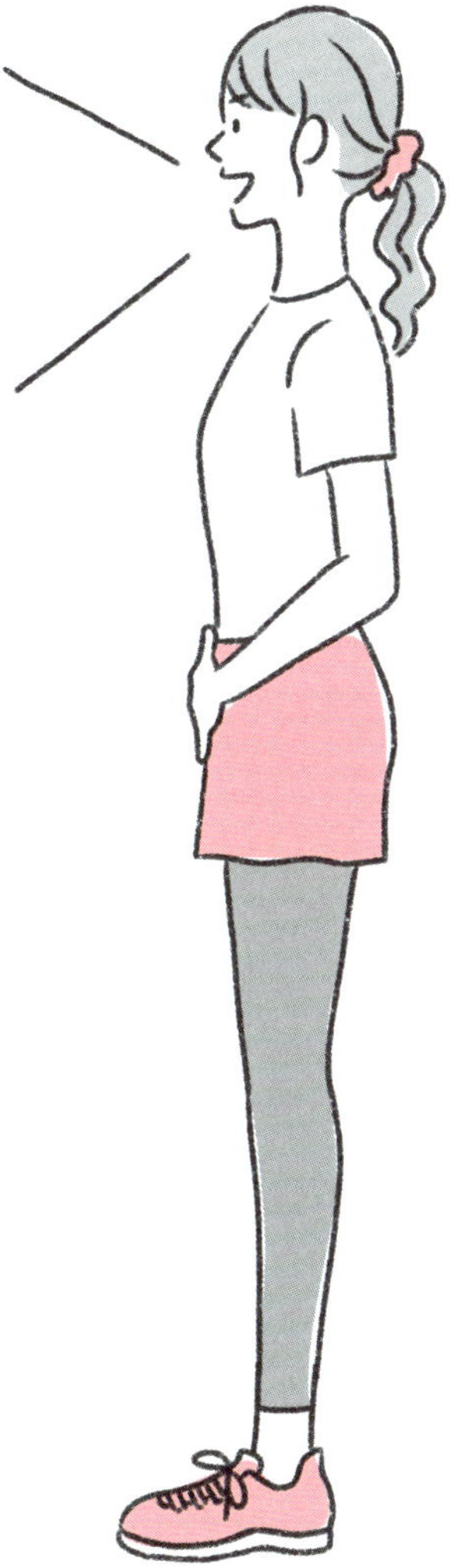

【実践ワーク】

ここでは、お腹から声を出す感覚を身につけていきましょう。
第2章でもご紹介した内圧式逆腹式呼吸法を発声に応用します。

【手順】

①息を吸います。
鼻から息を吸い入れ、おへそ周りが軽く風船のように膨らむことを意識します。
吸うときの目安時間は1秒くらいのイメージです。

②息を吐きながら声を出します。
口からゆっくり息を吐きながら、「はーーーー」という声を5秒間出してみましょう。
通常、声を出し続けると、お腹は自然とへこんでいきます。しかしここでは、吸ったときに膨らんだお腹がへこまないように、腹圧を高めたまま声を出すのがポイントです。
約5秒間声を出し続けます。
5秒は意外と長く感じられるかもしれませんね。
慣れてきたら、声を出す時間を10秒、15秒と延ばしていきます。
これを1日1分程度続けてみてください。

ここまでが基本トレーニングとなります。
次章からいよいよ4つのトーンクオリティの声の出し方をお伝えしていきます。

chapter 1
共感リーダーの声と話し方とは?

chapter 2
部下のタイプ別
部下の心に響く声かけ

chapter 3
共感リーダーの声の作り方
基礎編

chapter 4
共感リーダーの声の作り方
応用編

いまここ
chapter 5
共感リーダーの声の作り方
実践編

chapter 6
シーン別
部下の心に響く言葉の選び方

chapter

5

共感リーダーの声の作り方

実践編　動画レッスンあり

本章は、共感されるリーダーの4つの声質（トーンクオリティ）を身につけるトレーニングの実践編です。

4つの発声を身につけるために効果的なトレーニングを、実際におこなっていきましょう。

共感リーダーの4つの声の特徴・使い方・効果

ビジネスの現場で、人を動かし心をつかむ共感リーダーたちは、単に言葉巧みに話すだけではありません。

彼らは声を巧みに操り、部下や同僚との信頼関係を築く名手です。

声は言葉以上に力強いコミュニケーションツールです。

人の無意識に直接働きかけ、その人が無意識下で求めている「承認」と「安心」を瞬時に提供することができます。

適切な声を使うことで、部下の心に響き、部下をリラックスさせ、元気づけ、やる気を引き出すことが可能です。

しかし逆に、間違った声を使うと、不安を煽り、やる気を奪い、イライラさせてしまうこともあるのです。

この章では、あなたが部下から共感されるリーダーになるために、声の使い方がどれほど重要かを探っていきます。そして、それぞれの声の特徴とその使い方、その声を使うことによる効果について、詳しく説明します。

声の種類は、次の4つに分類されます。

1、エナジャイズ・ボイス（ハイ・フロント）
明るさ・明朗さ・快活さ・熱量・エネルギー
2、ブレイブ・ボイス（ロー・フロント）
強さ・安定感・落ち着き・揺るぎなさ・地に足がついている
3、エンパシー・ボイス（ハイ・エア）
優しさ・品性・共感性が高い・思いやり・気遣い
4、メンター・ボイス（ロー・エア）
聡明さ・知性・熟練感・人生の機微に通じた・なんでも知っている感

それぞれの声には特有の効果があり、話す内容や相手の性格によって使い分けることで、

相手の心に響くコミュニケーションを実現できます。

まず、自分の声のタイプを知ることから始めましょう。

自分の声の特徴を理解し、それを最大限に活かす方法を学ぶことで、あなたのコミュニケーション能力は飛躍的に向上します。

●声質マトリクスを理解しよう

ここからは声のトレーニングを始めていきます。

まずは4つの声の出し方と、その使い分けについて説明していきます。

4つの声は大きく分けて2つに分類されます。

イラストで横軸にあたるのが「地声系の声」と「息声系の声」です。

縦軸は声の高さを表しています。

また、各々の声においての長所や短所も記しています。

声質マトリクス

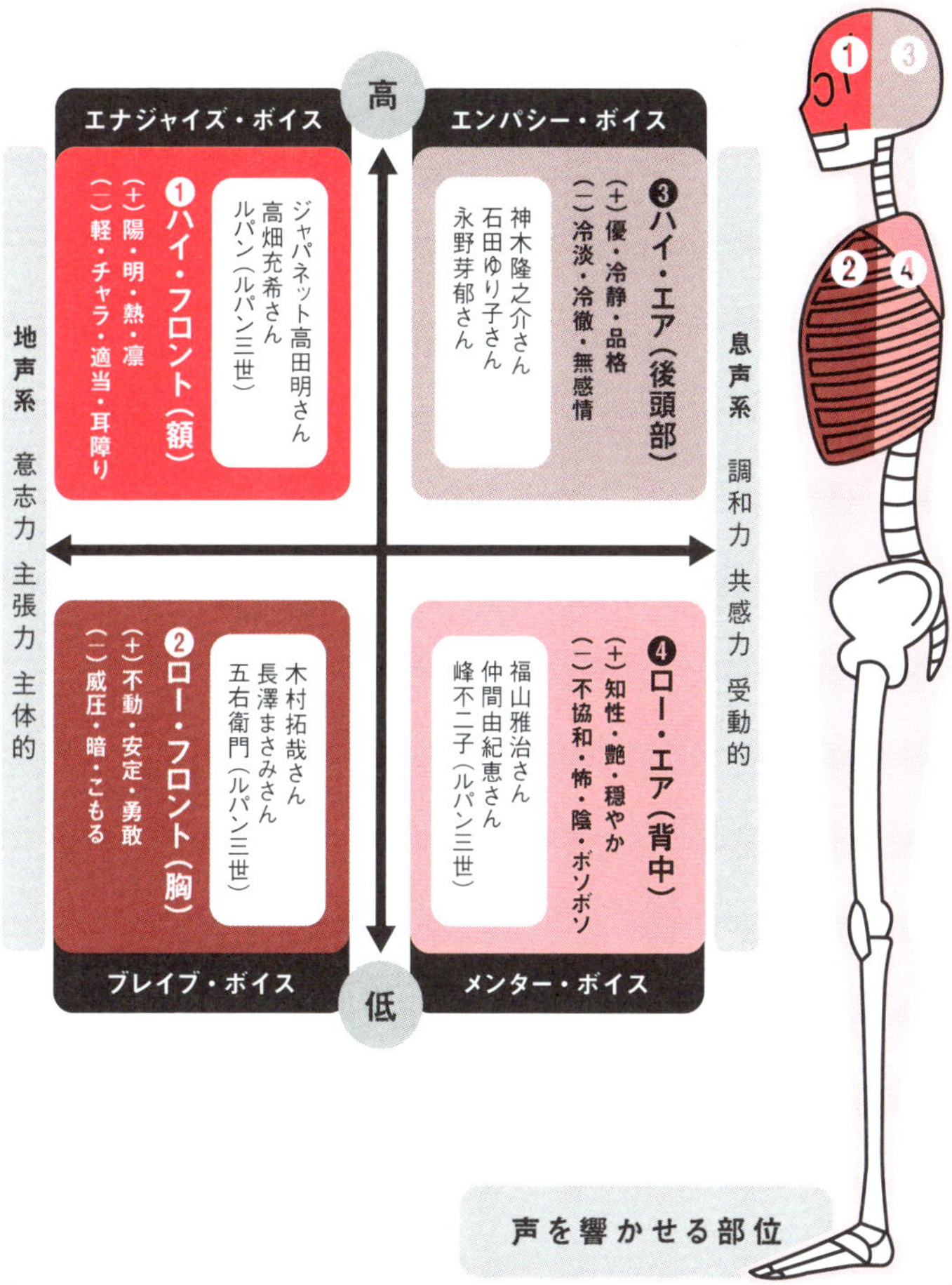
高
低
エナジャイズ・ボイス
エンパシー・ボイス
ブレイブ・ボイス
メンター・ボイス
❶ハイ・フロント（額）
（＋）陽・明・熱・凛
（－）軽・チャラ・適当・耳障り
ジャパネット高田明さん
高畑充希さん
ルパン（ルパン三世）
❸ハイ・エア（後頭部）
（＋）優・冷静・品格
（－）冷淡・冷徹・無感情
神木隆之介さん
石田ゆり子さん
永野芽郁さん
❷ロー・フロント（胸）
（＋）不動・安定・勇敢
（－）威圧・暗・こもる
木村拓哉さん
長澤まさみさん
五右衛門（ルパン三世）
❹ロー・エア（背中）
（＋）知性・艶・穏やか
（－）不協和・怖・陰・ボソボソ
福山雅治さん
仲間由紀恵さん
峰不二子（ルパン三世）
地声系
意志力 主張力 主体的
息声系
調和力 共感力 受動的
声を響かせる部位
1
2
3
4

●地声系の声の特徴

「地声系の声」には2種類の声を使います。

ハイ・フロント（エナジャイズ・ボイス）とロー・フロント（ブレイブ・ボイス）です。

地声系の声とは、整数次倍音を含む声のことです。

整数次倍音とは、基本周波数の整数倍にあたる周波数成分のことです。

これにより、**声に「芯」や「通りやすさ」、「力強さ」が生まれます。**

このような声は、よく通る声やアナウンサーの声として知られており、明瞭でクリアな印象を与えます。

また、**部下に対しては、リーダーシップや主体性、意志の強さを感じさせることができます。**

特に、大勢の前でのプレゼンやスピーチなどにおいて、自信のある上司としての堂々とした印象を与えることができます。

●息声系の声の特徴

「息声系の声」には2種類の声を使います。

ハイ・エア（エンパシー・ボイス）とロー・エア（メンター・ボイス）です。

息声系の声とは、非整数次倍音を含む声のことです。

非整数次倍音とは、基本周波数の整数倍ではない周波数成分のことです。息づかいを感じさせる声がこれにあたります。

これにより、**声に「柔らかさ」や「温かみ」が加わります。**ダミ声のような声もまた、非整数次倍音の声に含まれます。

このような声は、親しみを感じさせる声として知られており、安心感やリラックスした印象を与えます。

また、**部下に対しては、共感力や調和力、包容力を感じさせることができます。**

特に、1on1などにおいて、相手が失敗して落ち込んでいたり傷ついていたりするときに、心を癒したり元気づけたりすることができます。

次ページからそれぞれの声の特徴や効果、その身につけ方についてお話ししていきます。

❶ エナジャイズ・ボイス（ハイ・フロント）

【声の特徴】

ハイ・フロントの特徴は、クリアで芯のある声です。

声の高さは高めで、相手にエネルギーを届ける声です。

【長所】

明るさ・明朗さ・快活さ・熱量・エネルギー

【短所】

軽い、チャラい、キンキンした声、ヒステリック、煽り

【響きの中心部位と声を出す方向のイメージ】

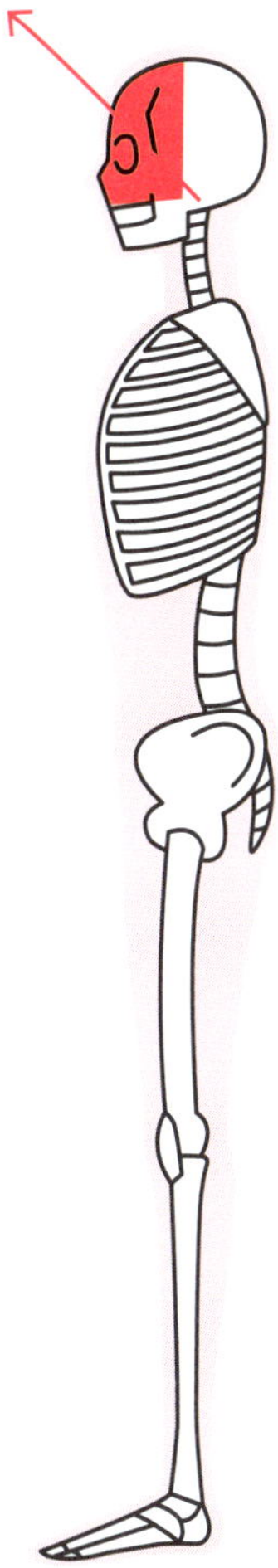

声を響かせる部位

【有名人】

ジャパネット高田明さん、西島秀俊さん、北村匠海さん、ディーン藤岡さん
高畑充希さん、多部未華子さん、浜辺美波さん、ルパン（ルパン三世）

【こんな人に向いている】

・いつも声がこもって聞き返されることが多い
・遠くまで声が届かない
・暗い印象や怖い印象を相手に与えてしまうことがある

ハイ・フロントの声を身につける「にゃにゃにゃ発声法」

【実践ワーク】

高めの通る声が出せるようになる声帯の筋肉を鍛えます。

「ニャ」と高音を発声することで、自然と舌の形がお椀型になります。

結果、自然と喉が開いてくれるのも、このトレーニングの特徴です。

声が響くポイントは、頭がい骨の前面である鼻から眉間付近になります。

【手順】

①可能な限り高い声で、裏声っぽく「ニャ」と発声します。

「ニャ」と言うときは、口角を上げ、顎を下に落としながら発声します。

②短い例文を音読します。

それでは、自分の出せる最も高い声で、【練習1、2】に挑戦してみましょう。

【練習1】

「ニャ」を5回言ったあとに、「こんにちは」「ありがとうございます」と発声します。

5回目の「ニャ」を言ったあとは、継ぎ目なくすぐに言葉を言います。

【練習2】

1の「ニャニャニャ」で作った声の高さの感覚、喉の奥の感覚を維持したまま、以下の例文を普通に話してみましょう。

「これから会議を始めます。よろしくお願いします」

❷ ブレイブ・ボイス（ロー・フロント）

【声の特徴】

ロー・フロントの特徴は、低音で重厚感のある声です。
力強さ、勇敢さを表す声です。

【長所】

強さ・安定感・落ち着き・揺るぎなさ・地に足がついている

【短所】

怖い、圧が強い

【響きの中心部位と声を出す方向のイメージ】

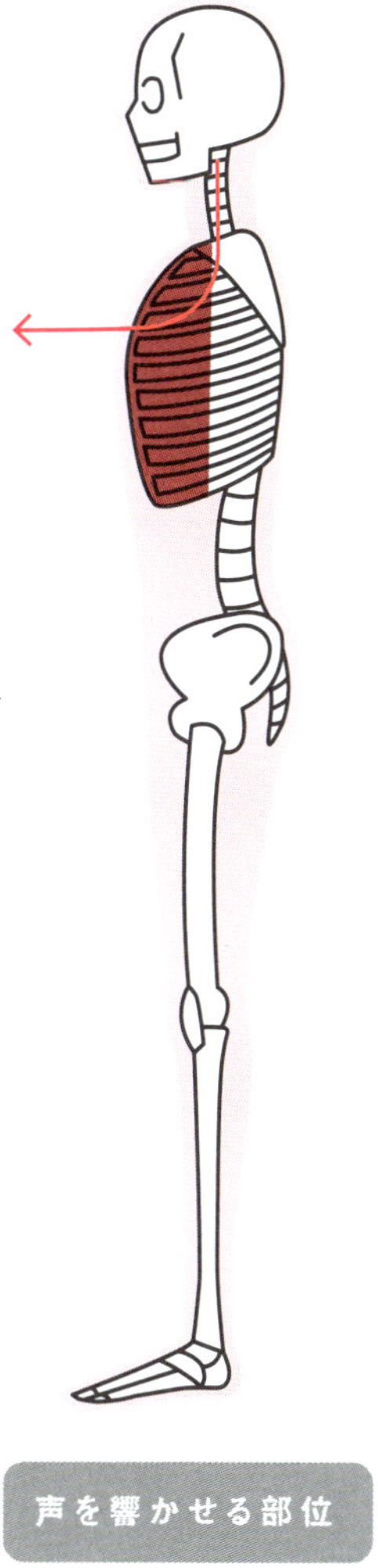

【有名人】

木村拓哉さん、竹野内豊さん、高橋一生さん、長澤まさみさん、天海祐希さん、戸田恵梨香さん、五右衛門（ルパン三世）

【こんな人に向いている】

- 信頼感や安心感を相手に届けたい
- なめられたくない、軽んじられたくない
- 声が高くて威厳が出せない

【実践ワーク】

P110でご紹介したAir-AKB発声法の応用トレーニングとなります。

【手順】

① あくびを我慢する感覚を意識します。
口を半分だけ開いて、あくびを我慢する感覚を作ります。
この状態を5秒間維持し、3回繰り返します。

② 喉仏に指をそえて声を出します。
喉仏に指をそえて、「はーーー」と3秒間低い声を出します。
その際に喉仏が下に下がるのを確認します。これを3回繰り返します。
P114内圧式逆腹式発声法もとり入れておこなってください。

③言葉を話します。

以下の言葉を、②の感覚を使って話します。

「おはようございます」「ありがとうございます」「よろしくお願いします」

↓

こんなイメージの声に

❸ エンパシー・ボイス（ハイ・エア）

【声の特徴】

ハイ・エアの特徴は、優しい印象の声です。
声の高さは高く、空気感、透明感を感じさせる声です。

【長所】

優しさ・品性・共感性が高い・思いやり・気遣い

【短所】

ざわざわしたところで声が通らない、弱々しい印象を与える

【響きの中心部位と声を出す方向のイメージ】

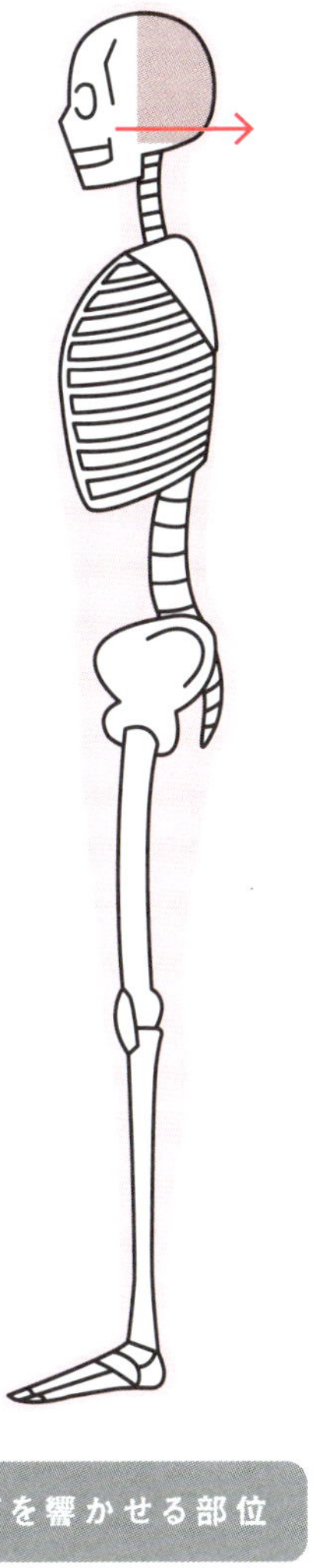

【有名人】

神木隆之介さん、中村倫也さん、松下洸平さん

石田ゆり子さん、吉高由里子さん、永野芽郁さん、胡蝶しのぶ（鬼滅の刃）

【こんな人に向いている】

・キツイ言い方になりがち

・キンキンした声になりがち

【実践ワーク】

P108でご紹介したAKB発声法の応用トレーニングとなります。

【手順】

①口閉じハミングをします。

口を閉じたまま「ん〜」とハミングをします。そのときに、鼻腔の響きを後頭部に移動させるイメージをします。

3秒間を5セットおこないます。

②口閉じハミングから口を開けます。

口を閉じて高めの声で「ん〜」と2秒ハミング音を出したあとに、口を縦に開いて後頭部に向けて声を出すイメージで、「あ〜」と声を出します。

裏声に近い柔らかい音を作ります。

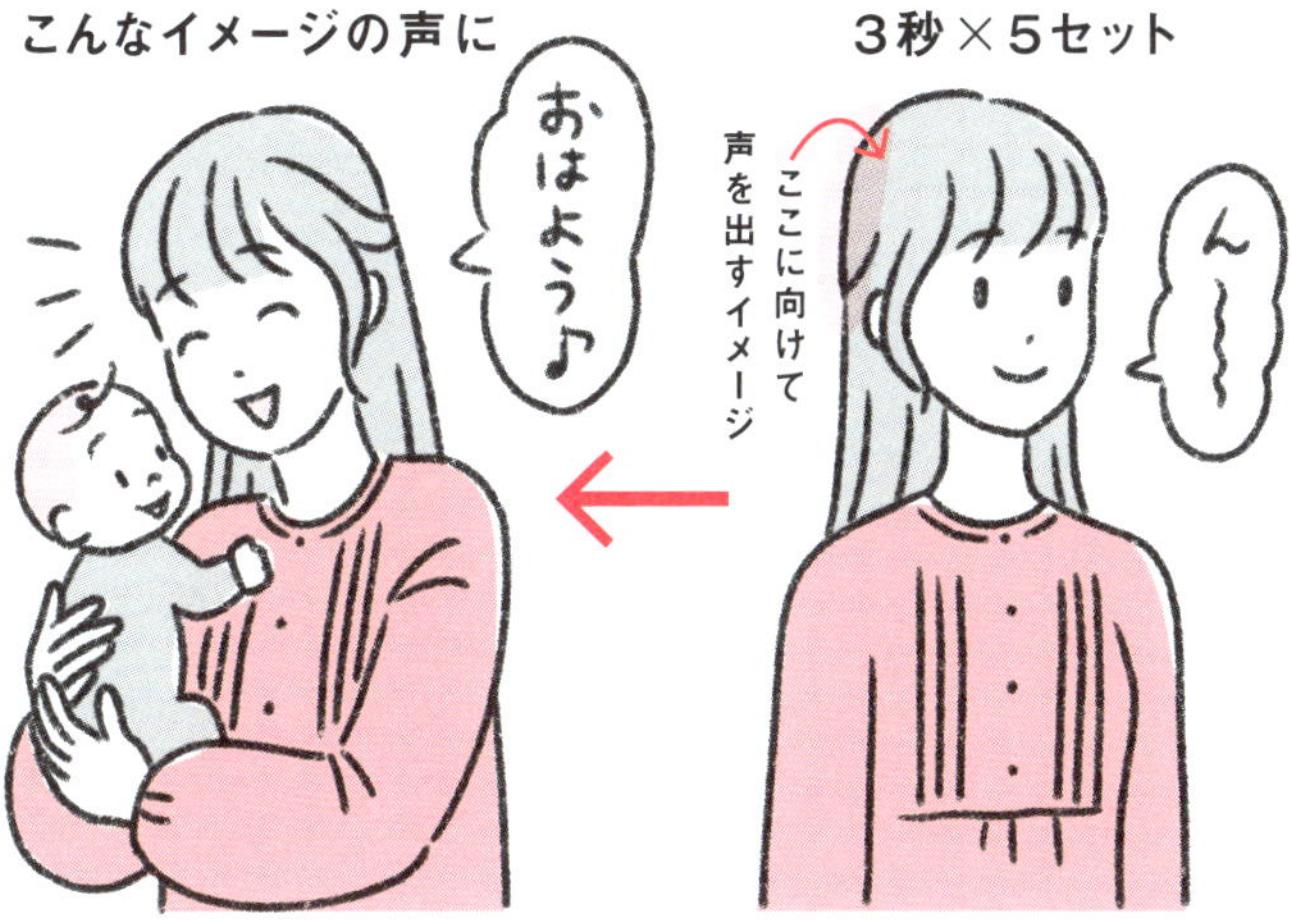

③②の声を出したあとに、言葉を繋げます。
「ん〜あ〜おはようございます」
「ん〜あ〜ありがとうございます」
「ん〜あ〜よろしくお願いします」

④高い声で声を出してみます。
「おはようございます」「ありがとうございます」「よろしくお願いします」

④ メンター・ボイス（ロー・エア）

【声の特徴】

ロー・エアの特徴は、艶感があり、知的な印象を与える声です。

【長所】

聡明さ・知性・熟練感・人生の機微に通じた・なんでも知っている感

【短所】

恐怖、影がある、ボソボソ

【響きの中心部位と声を出す方向のイメージ】

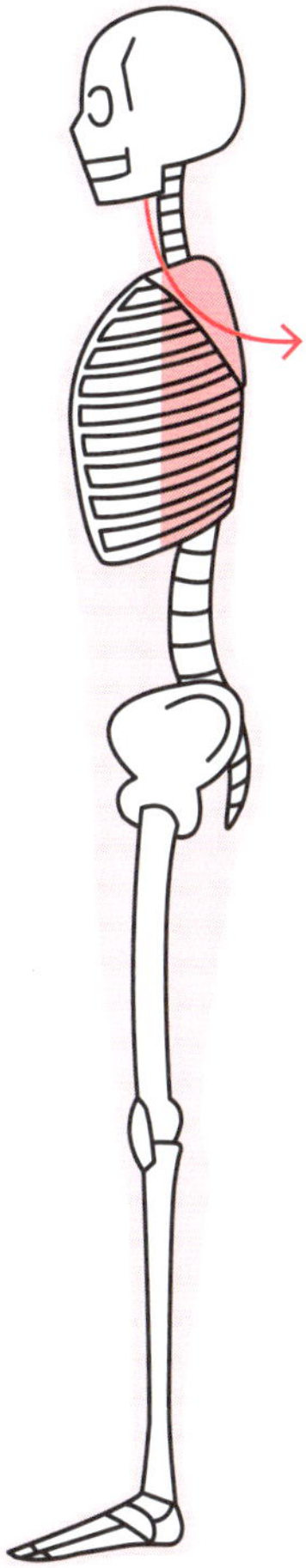

声を響かせる部位

【有名人】

福山雅治さん、向井理さん、谷原章介さん
仲間由紀恵さん、二階堂ふみさん、真矢みきさん、峰不二子（ルパン三世）

【こんな人に向いている】

・話し方が幼い
・声が子供っぽく聞こえる
・知的な印象を与えて話したい

【実践ワーク】

低音の響きのある声が出せるようになるトレーニングです。

喉のくぼみ（天突）から声を発するイメージで、息混じりの低い声を出してみましょう。

【手順】

①あくびをするイメージで「ファア、ファア、ファア、ファア」と声を出します。

②①の声を出したあとに、言葉を繋げます。

「ファア、ファア、ファア、ファアおはようございます」

「ファア、ファア、ファア、ファアありがとうございます」

「ファア、ファア、ファア、ファアよろしくお願いします」

これを5回繰り返します。

③天突（左右の鎖骨を結んだ中央部の窪み部分）から低い声で声を出してみます。
「おはようございます」「ありがとうございます」「よろしくお願いします」

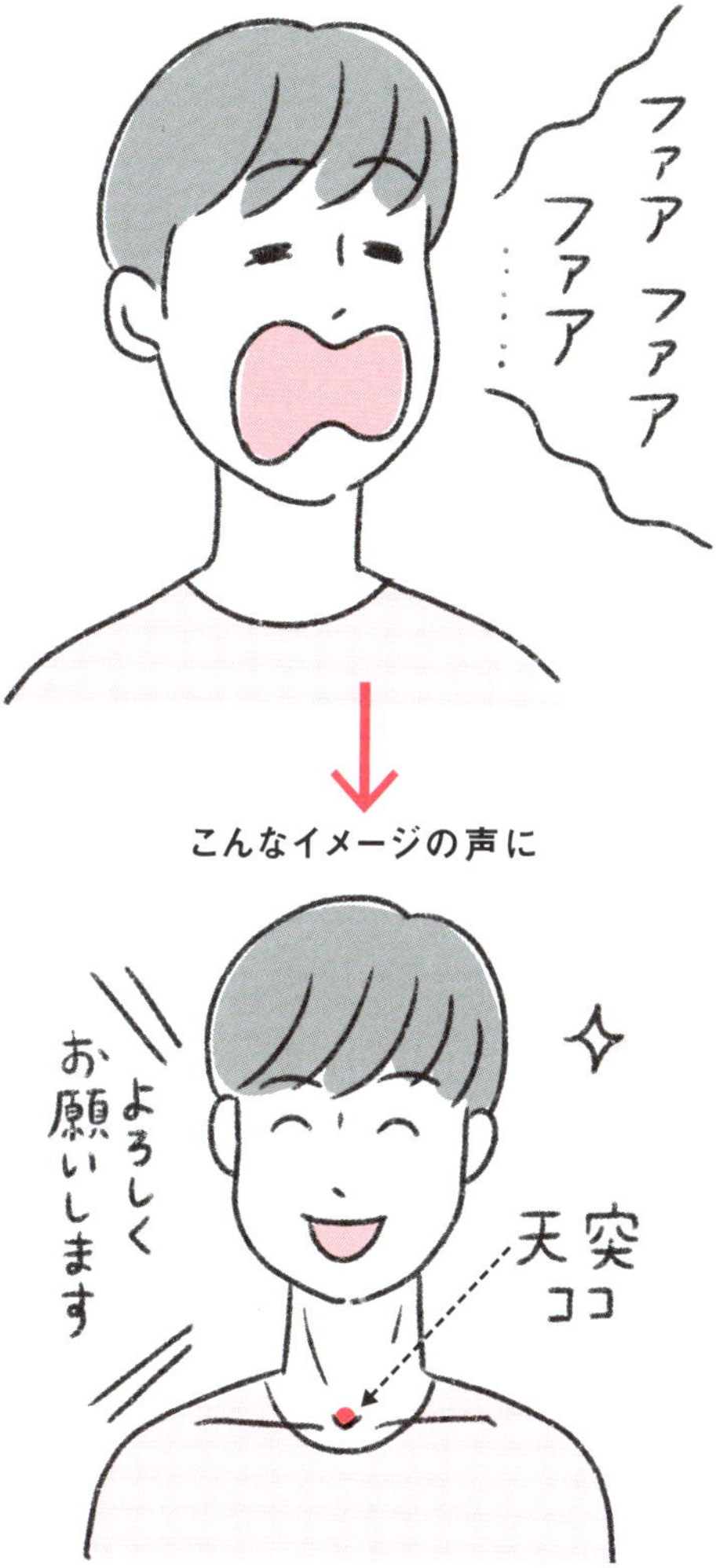

COLUMN 2

部下を指導するときに、「パワハラ」「モラハラ」と誤解されないか不安……そんなリーダーのあなたへ

「部下を指導したいけれど、パワハラやモラハラと誤解されたらどうしよう……」。

多くのリーダーが抱える、この切実な悩み。部下の成長を願うからこそ、指導は必要不可欠ですが、その方法を誤ると、信頼関係を損ない、逆効果になってしまうこともあります。

そんな不安を抱えるリーダーへ、声と表情を使い分ける方法をご紹介します。

1、指導に役立つ3つの声のトーン

・ロー・フロント：落ち着きのある低い声で、真剣さを伝える注意を与える際や、事実関係を確認する際に効果的。感情的にならず冷静に伝えられます。

・ロー・エア：柔らかく落ち着いた声で、安心感を与える

理由を説明したり、改善策を提案したりする際に適しています。
寄り添う姿勢を示せます。

・ハイ・フロント／ハイ・エア：明るく高い声で、前向きな印象を与える
励ましたり、今後の期待を伝えたりする際に有効。
相手への尊重・信頼を伝えられます。

2、表情も重要なコミュニケーションツール

・「じっと目」：まばたきをせず、まっすぐ相手を見る表情を言います。
・「微笑目」：親しみを込めたにこやかな眼差しで相手を見ることを言います。
相手の左目の黒目の中の光を見つめるように意識すると効果的です（P88参照）。

3、指導の流れ：具体的な6つのステップ

⑴事実確認：「ロー・フロント」と「じっと目」で、事実関係を確認
「〇〇さん、今日の会議での発言について確認したいのですが……」
↓具体的に、客観的に伝えます。

(2)理由のヒアリング：「ロー・エア」と「微笑目」で、理由を尋ねる

「何か事情があったのでしょうか？」「何か困っていることがありましたか？」

↓相手の状況を理解しようとする姿勢を見せます。

(3)改善策の提示：「ハイ・エア」と「微笑目」で、具体的な改善策を提案

「次は、〇〇のようにしてみてはどうでしょうか？」「〇〇という方法もありますよ」

↓相手に選択肢を与え、自主性を尊重します。

(4)今後の期待：「ロー・フロント」と「じっと目」で、今後の期待を伝える

「今回のことを教訓に、次回に活かしてください」

↓理解、応援する気持ちを伝えます。

(5)成長の兆しを見逃さない：「ハイ・フロント」「ハイ・エア」で、即時フィードバック

・新しい提案をしたとき：「〇〇さんの提案、興味深いですね。詳しく聞かせて！」

・困難な課題に挑戦しているとき：「積極的に取り組んでいる姿、頼もしいです」

・失敗から学ぼうとしているとき：「次に活かせるように一緒に考えましょう！」

(6) 指導後のフォローと成長の承認

指導後は、必ずフォローを行いましょう。少しでも成長が見られたら、その行動を具体的に認め、承認の言葉を伝えましょう。

●「叱る」は「成長への種まき」

叱ることは、決して相手を傷つけるためではありません。

部下の成長を願いながら、具体的な改善策を提示し、成長の兆しを逃さず承認すること。

それが、**リーダーとしてのあなたの役割**です。

適切な声のトーンと表情、そして言葉選びとタイミングを意識することで、部下との信頼関係を築き、チーム全体の成長へと繋げていきましょう！

chapter 1 共感リーダーの声と話し方とは?

chapter 2 部下のタイプ別 部下の心に響く声かけ

chapter 3 共感リーダーの声の作り方 基礎編

chapter 4 共感リーダーの声の作り方 応用編

chapter 5 共感リーダーの声の作り方 実践編

いまここ

chapter 6 シーン別 部下の心に響く言葉の選び方

chapter

6

シーン別 部下の心に響く言葉の選び方

本章では、リーダーがチームをまとめ、成果を最大化するためのコミュニケーション術を深掘りします。

特に、話しはじめのたった一言の言葉選びと声のトーンが、いかに部下のモチベーションやパフォーマンスに影響を与えるかについて焦点を当てます。

13の具体的な事例を通して、それぞれの状況に最適なコミュニケーション戦略を学んでいきましょう。

❶ 会議などで空気が重く、話が出てこない、進まないとき

【事例】

・新商品の企画会議で、アイデアが出ずに沈黙が続く
・プロジェクトの進捗会議で、メンバーが消極的で意見交換が進まない
・部署内のミーティングで、特定の議題について誰も発言したがらない

【言葉】

(1)「皆さんの率直な意見を聞かせてください。どんな考えでも構いません」
（理由：安心感を与え、自由に発言できる雰囲気を作る）

(2)「この件について、何か気になる点や疑問はありますか？」
（理由：具体的な質問を投げかけることで、思考を刺激し、発言を促す）

(3)「少し視点を変えて、こんなアプローチはどうでしょうか？」
（理由：新しい視点やアイデアを提示することで、議論を活性化させる）

【声のアイデア】

・メンター・ボイス（ロー・エア）：
落ち着きと知性を感じさせる声で、安心して発言できる雰囲気を作る

・エナジャイズ・ボイス（ハイ・フロント）：
明るく活気のある声で、場を活性化させる

【解説】

このような状況では、リーダーが積極的に声で意見やアイデアを促し、安心して意見を交換できる雰囲気を作ることが重要です。
右記のような言葉と声のトーンを使い分けることで、メンバーの思考を刺激し、活発な議論を促すことができます。

❷ 部下の話が長くてなかなか本筋が見えてこないとき

【事例】

・プレゼンテーションの練習で、部下の話が脱線してしまう
・部下の報告書の内容が冗長で、要点がつかみにくい
・部下の会議での発言が長くなり、他のメンバーが発言する機会を奪ってしまう

【言葉】

(1)「○○さんの話はとても興味深いです。ここからは今回の議題の核心について教えていただけますか？」
（理由：核心に焦点を当てるよう促し、議論を効率化する）

(2)「ここまでの要点をまとめると、○○ということでしょうか？」

（理由：確認することで、相互理解を深め、誤解を防ぐ）

(3)「具体的な提案や解決策があれば、ぜひ教えてください」
（理由：建設的な議論へ導く）

【声のアイデア】

・メンターボイス（ロー・エア）：
経験豊富な印象を与える声で、部下を導く

・エンパシー・ボイス（ハイ・エア）：
優しく共感的な声で、部下の気持ちを尊重しながら軌道修正する

【解説】

このような状況では、リーダーは部下の話を遮ることなく、丁寧に軌道修正する必要があります。「何を言いたいんだ！」といった発言は控えましょう。

右記のような言葉と声のトーンを使い分けることで、部下の発言を尊重しつつ、議論を効率的に進めることができます。

③ チームの話し合いで険悪なムードになってしまったとき

【事例】

・プロジェクトの進め方について、メンバー間で意見が対立し、感情的な発言が飛び交う
・部署内のミーティングで、特定の人物への批判が集中し、雰囲気が悪くなる
・チームメンバー同士のコミュニケーション不足から誤解が生じ、関係が悪化してしまう

【言葉】

(1)「少し休憩しましょうか。気持ちを切り替えましょう」
（理由：感情的な状態から一度離れることで、冷静さを取り戻す時間を与える）

(2)「お互いの意見を尊重し合い、建設的な議論を心がけましょう」
（理由：議論の目的を再確認し、協力的な姿勢を促す）

(3)「この状況を打開するために、私たちに今できることは何でしょうか？」
（理由：問題解決に焦点を当て、共通の目標を見出す）

【声のアイデア】

・エンパシー・ボイス（ハイ・エア）：
思いやりのある声で、場の雰囲気を和らげる

・ブレイブ・ボイス（ロー・フロント）：
落ち着きと安定感のある声で、冷静さを取り戻させる

【解説】

このような状況では、リーダーはまず感情的な対立を鎮め、冷静な話し合いができる環境を整える必要があります。

右記のような言葉と声のトーンを使い分けることで、メンバーの感情を落ち着かせ、建設的な議論へと導くことができます。

❹ チーム内で意見がバラバラでまとまらないとき

【事例】

・新商品のコンセプトについて、メンバー間で意見がまとまらない
・プロジェクトの進め方について、複数の選択肢があり、どれを選ぶべきか決められない
・チーム内で役割分担がうまくいかず、意見の対立が生じる

【言葉】

(1)「まずはそれぞれの意見の共通点や相違点を整理してみましょう」
（理由：客観的な視点で分析することで、問題解決への糸口を見つける）

(2)「目標達成のために、どの意見が最も効果的でしょうか？」
（理由：目標達成という共通の目的意識を再確認する）

(3)「妥協点を見つけるために、お互い歩み寄ることはできないでしょうか？」
（理由：協力と譲り合いの精神を促す）

【声のアイデア】

・**メンター・ボイス（ロー・エア）**：
理性と知性を感じさせる声で、論理的な思考を促す

・**ブレイブ・ボイス（ロー・フロント）**：
決断力のある声で、チームをまとめる

【解説】

このような状況では、リーダーはメンバーの意見を整理し、共通の目標に向かって協力できるよう導く必要があります。

右記のような言葉と声のトーンを使い分けることで、メンバーの意見を尊重しつつ、合意形成を促すことができます。

⑤ 部下から不平や不満を聞いたとき

【事例】

・部下が仕事の量や内容に対する不満を抱え、意欲が低下している
・部下が評価や待遇に対する不満を抱え、職場の士気が低下している
・部下が人間関係に関する不満を抱え、生産性が低下している

【言葉】

(1)「○○さんの気持ち、よくわかります」
（理由：共感を示し、安心感を与える）

(2)「○○さんの意見を参考に、改善できる点があれば検討します」
（理由：改善への意欲を示す）

(3)「何か具体的な提案はありますか?」
(理由:建設的な意見を引き出す)

【声のアイデア】

・エンパシー・ボイス(ハイ・エア):
共感的な声で、部下の気持ちを理解する姿勢を示す

・メンター・ボイス(ロー・エア):
少しだけ息を混ぜることで、声を柔らかくし、安心感を与える

【解説】

このような状況では、「いや! そうはいっても……」などと否定することは、いったんやめましょう。リーダーはまず部下の不満や不安を受け止め、共感することが重要です。

その上で、具体的な解決策を一緒に考えたり、改善への意欲を示したりすることで、部下の気持ちを落ち着かせて、モチベーションを回復させることができます。

❻ 部下が相手の悪口やチームの輪を乱すようなことを言ったとき

【事例】

・部下が特定のメンバーへの陰口や批判を言っている
・部下がチームの雰囲気を悪くするような発言をしている
・部下が他のメンバーのモチベーションを下げるような発言をしている

【言葉】

(1)「○○さんの発言は、相手を傷つけたり、悲しませたりする可能性があります」
（理由：発言の影響を自覚させる）

(2)「チーム全体の士気を下げるような発言は、ここでは控えてほしいです」
（理由：チームワークの重要性を再認識させる）

(3)「建設的な意見交換を心がけましょう」
（理由：ポジティブなコミュニケーションを促す）

【声のアイデア】

・ブレイブ・ボイス（ロー・フロント）：
毅然とした態度で、注意を促す

・メンター・ボイス（ロー・エア）：
経験豊富な声で、適切な行動を指導する

【解説】

このような状況では、リーダーは毅然とした態度で注意を促し、チームの秩序を保つ必要があります。

しかし、頭ごなしに叱責するのではなく、相手の発言が及ぼす影響を理解させ、建設的なコミュニケーションを促すことが重要です。

❼ 部下が悩みを相談してきたものの、イマイチ何に悩んでいるかわからないとき

【事例】

・部下が仕事に関する悩みを相談してきたが、何に悩んでいるのかわからない
・部下が人間関係に関する悩みを相談してきたが、どうしてほしいのかがわからない
・部下が将来に関する悩みを相談してきたが、どうしたいのかがわからない

【言葉】

(1)「○○さんの話をもっと詳しく聞かせてもらってもいいですか？」
（理由：詳細を聞き出し、問題の核心を把握する）

(2)「○○さんは、それについて今後どうしたいと考えていますか？」
（理由：本音を引き出し、解決策を探る）

(3)「何か私やチームでできることはありますか？」
（理由：サポートを申し出て、安心感を与える）

【声のアイデア】

・エンパシー・ボイス（ハイ・エア）：

親身になって話を聞く姿勢を示す

・メンター・ボイス（ロー・エア）：

少しだけ息を混ぜることで、声を柔らかくし、安心感を与える

【解説】

このような状況では、リーダーはまず部下の話をじっくりと聞き、共感することが重要です。

部下が安心して話せる雰囲気を作り、問題の本質を理解するための質問をすることで、適切なアドバイスやサポートを提供することができます。

❽ 部下との1on1ミーティングで空気が冷たくて話が続かないとき

【事例】

・部下が緊張している様子で、なかなか話せない
・部下との間に距離感があり、打ち解けられない
・以前のミーティングで、何かしらの誤解が生じている

【言葉】

(1)「ざっくばらんに話せる雰囲気を作りたいと思っています。何か一緒にアイデアを出し合いませんか」
（理由：本音で話せる関係性を築く）

(2)「最近、仕事で何か気になることはありますか？」

（理由：具体的な質問で会話を始める）

(3)「○○さんの目標達成のために、私がサポートできることはありますか？」
（理由：サポートを申し出て、信頼関係を築く）

【声のアイデア】

・**エンパシー・ボイス（ハイ・エア）：**
親しみやすい声で、心を開いてもらう

・**エナジャイズ・ボイス（ハイ・フロント）：**
明るく活気のある声で、場を和ませる

【解説】

このような状況では、リーダーはまず部下の緊張をほぐし、安心して話せる雰囲気を作る必要があります。

具体的な質問を投げかけたり、サポートを申し出たりすることで、信頼関係が築かれ、本音で話せる関係へと導くことができます。

❾ チーム内での発言を活性化し、意見が言いたくなる雰囲気にしたいとき

【事例】

・新しいプロジェクトのキックオフミーティングで、メンバーの発言が少ない
・定例会議で、いつも同じメンバーばかりが発言している
・チーム内で、新しいアイデアが出にくくなっている

【言葉】

(1)「奇抜な意見や突拍子もないアイデアでいいから、どんどん意見を出してほしいんです」
（理由：心理的安全性を確保する）

(2)「誰も笑わないから、新しいアイデアや視点は大歓迎です」
（理由：多様な意見を尊重する姿勢を示す）

(3)「私はみんなで協力して、より良いチームを作っていきたいんです。力を貸してください」

（理由：チームワークの重要性を強調する）

【声のアイデア】

・エナジャイズ・ボイス（ハイ・フロント）：

熱意のある声で、参加を促す

・ブレイブ・ボイス（ロー・フロント）：

力強い声で、自信を与える

【解説】

このような状況では、リーダーはメンバーが安心して発言できる環境を作り、多様な意見を歓迎する姿勢を示すことが重要です。

右記のような言葉と声のトーンを使い分けることで、メンバーの積極性を引き出し、活発な意見交換を促すことができます。

⑩ プレゼンや会議でなかなか質問や意見が出ず、気まずい雰囲気になっているとき

【事例】

・新製品発表会で、参加者からの質問が全く出ない
・重要な会議で、誰も意見を言わず、沈黙が続く
・チームミーティングで、メンバーが消極的で、活発な議論にならない

【言葉】

(1)「『こんなこと聞いたら笑われるのでは?』ということはありますか?」
(理由:ハードルを下げる質問をすることで、発言を促す)

(2)「〇〇さん、この点についてどう思いますか?」
(理由:必ず答えが返ってきそうな相手を指名して答えてもらい、場の空気を変える)

(3)「この提案の特に○○の部分について、改善点や代案があれば教えてください」
（理由：要点を絞って具体的な質問をすることで、思考を促す）

【声のアイデア】

・**メンター・ボイス（ロー・エア）：**
落ち着きと知性を感じさせる声で、安心してもらう

・**エナジャイズ・ボイス（ハイ・フロント）：**
明るく活気のある声で、場を活性化させる

【解説】

このような状況では、リーダーが積極的に質問を促したり、特定のメンバーに意見を求めたりすることで、沈黙を破り、活発な意見交換に導くことが重要です。

具体的な質問をすると、参加者の思考を刺激し、発言を引き出すことができます。

また、明るい声で場を盛り上げることで、発言しやすい雰囲気を作ることができます。

⑪ 部下や相手に対して、きちんと共感していることを示したいとき

【事例】

・部下が仕事で失敗し、落ち込んでいる

・部下が新しいプロジェクトに対して不安を感じている

・部下が個人的な悩みを打ち明けてきた

【言葉】

(1)「○○さんの悔しいという気持ち、よくわかります」

（理由：共感を示し、安心感を与える）

(2)「○○さんのお客様に喜んでもらいたいという意見には、私も共感する部分があります」

（理由：具体的に共感ポイントを伝える）

(3)「〇〇さんのミスをするとお客様に迷惑がかかるという懸念は、もっともだと思います」
（理由：相手の意見を尊重する姿勢を示す）

【声のアイデア】

・**エンパシー・ボイス（ハイ・エア）：**
優しく共感的な声で、相手の気持ちを理解する姿勢を示す

・**メンター・ボイス（ロー・エア）：**
少しだけ息を混ぜることで、声を柔らかくし、安心感を与える

【解説】

このような状況では、リーダーは部下や相手の気持ちに寄り添い、共感することが重要です。信頼関係を築き、より深いコミュニケーションへと繋げることができます。

また、具体的に共感ポイントを伝えることで、相手は自分の気持ちを理解してもらえたと感じ、安心感を得ることができます。

⑫ 部下に上から目線と思われないような受け答えをしたいとき

【事例】

・部下からの提案に対して、部下を尊重しつつ意見を述べたい
・部下からの質問に対して、丁寧に回答する姿勢を示したい
・部下と対等な立場で意見交換をしたい

【言葉】

(1)「○○さんの意見のおかげでミスを未然に防げたよ、ありがとう」
（理由：部下の意見を尊重する姿勢を示す）

(2)（問題を抱えて悩む部下に）「以前似たような問題でうまく解決できた方法があるんだ。参考になるかわからないけど、話してもいい？」

（理由：部下に協力的な姿勢を示す）

(3)「○○さんの知識や経験には、いつも助かってます」

（理由：部下の能力を認める）

【声のアイデア】

・**エンパシー・ボイス（ハイ・エア）：**

謙虚で丁寧な声で、相手を尊重する姿勢を示す

・**メンター・ボイス（ロー・エア）：**

少しだけ息を混ぜることで、声を柔らかくし、親しみやすさを出す

【解説】

このような状況では、リーダーは謙虚な姿勢で部下の意見に耳を傾け、対等な立場でコミュニケーションをとることが重要です。

上から目線の言葉遣いや態度を避け、部下の意見を尊重することで、信頼関係を築き、チーム全体のモチベーションを高めることができます。

⑬ 部下から結論を迫られたものの、すぐに答えが出せないとき

【事例】

・予算に関する決定を迫られたが、すぐに結論を出すことができない
・人事異動に関する相談を受けたが、慎重に検討してから答えたい
・重要なプロジェクトの方針について質問されたが、他部署にも相談してから答えたい

【言葉】

(1)「すぐに結論を出すことは難しいので、一度持ち帰って検討させてください」
（理由：正直に答えられないことを伝え、誠実な姿勢を示す）

(2)「○○さんの意見も踏まえて、明日までに回答します」
（理由：具体的な期限を提示し、責任感を持つ）

(3)「この件については、関係者と協議した上で、改めてご連絡します」
（理由：状況を説明し、理解を求める）

【声のアイデア】

・ブレイブ・ボイス（ロー・フロント）：
落ち着きと自信のある声で、信頼感を与える

・メンター・ボイス（ロー・エア）：
経験豊富な声で、安心感を与える

【解説】

このような状況では、リーダーは安易に結論を出すのではなく、時間をかけて慎重に検討することが重要です。

部下からの相談に対して、すぐには答えられないことを正直に伝え、具体的な回答期限を提示しましょう。そうすることで、部下に安心感を与え、信頼関係を維持することができます。

おわりに

最後までお読みいただき、まことにありがとうございました。

本書を最大限に活用するためのコツをお伝えします。

この本は、読むだけでなく、実践して初めて身につく内容です。本書を読んで概要をつかんだら、動画を見て、すぐに練習を始めましょう。

もしくは、先に動画を見てから本書を読むのも効果的です。

動画では、私が普段、経営者やチームリーダーの方々に向けての研修や、企業研修でおこなっているレッスンを可能な限り忠実に再現しています。4つの声の出し方や使い分け方の微妙なニュアンスの違いもわかりやすく解説しています。

「少し声を変えるだけで、こんなに伝わるのか」と実感していただけるはずです。

最初はうまくいかないかもしれません。しかし、大切なのは、継続することです。

自分から話そうと思えば、練習の場はいくらでもあります。

●リーダーシップを発揮するために

前著『自分を守るためにちょっとだけ言い返せるようになる本　声とココロの取扱説明書』（ぱる出版）では、パワハラやモラハラから身を守るためのコミュニケーション術を紹介しました。そこでは「ポーカーボイス&トーク術」と名付けた、不安や緊張を相手に悟られないようにする声の出し方と話し方をお伝えしました。

一方、本書では、視点を変えて、リーダーシップに焦点を当てています。周囲を巻き込み、組織を動かす「共感されるリーダー」になるためのコミュニケーション術を、詳しく解説しています。

リーダーになることに対して、多くの方が不安を感じているのではないでしょうか。自信がない、メンタルが弱いと感じる方も少なくないでしょう。

本書では、リーダーとしての自信やメンタルの強さがなくても、不安や緊張を部下や同僚に悟られない声の出し方や話し方を紹介しています。いわば、リーダー版ポーカーボイス&トークテクニックを提供しています。

リーダーとしての自信や強いメンタルがなくても大丈夫です。

ぜひこの本を手に取って、リーダーシップを発揮するための「声」と「話し方」をマスターしてください。

最後になりましたが、本書の執筆にあたり、多くの方々にお世話になりました。

特に、企画の立案から構成に至るまで的確なアドバイスをいただいた、ぱる出版の岩川様には、この場を借りて心からお礼申し上げます。

また、日ごろから私の活動を支えてくださっている皆様、講演や研修を依頼してくださる方々、セミナーを受講していただいている方々、そして日々の活動を応援いただいている全ての方々に、深く感謝申し上げます。

本書が、皆様のリーダーシップ向上の一助となることを心から願っています。そして、皆様とどこかでお会いしてコミュニケーションを交わせる日を、楽しみにしております。

感謝を込めて

2024年8月　司 拓也

本書をお読みくださったあなたへ

感謝の気持ちを込めた プレゼントのご案内

本書をお読みくださったあなたへ
私、司拓也より、感謝の気持ちを込めて
プレゼントをご用意いたしました。
ぜひご活用ください。

プレゼント内容

1 本書第6章「シーン別・部下の心に響く言葉の選び方」実演動画

2 本書に未収録の秘密の原稿 PDF

3 「4つの声の身につけ方」オンライン体験レッスンにご招待 ※期間限定レッスンのため予告なく終了することがあります。

こちらからお申し込みください。

URL　https://76auto.biz/vof-tsukasa/registp/entryform15.htm

※特典の配布は予告なく終了することがございます。予めご了承ください。
※PDF、動画はインターネット上のみでの配信になります。予めご了承ください。
※このプレゼント企画は、司拓也が実施するものです。
プレゼント企画に関するお問い合わせは「tsukasamail1@gmail.com」までお願いいたします。

司 拓也（つかさ・たくや）

コミュニケーショントレーナー
声と話し方の学校 ボイス・オブ・フロンティア代表
日本話す声プロボイストレーナー協会代表

声と話し方のプロフェッショナルとして、15年で累計1万人以上を指導。

「声は人の心を動かし、組織を変える力を持つ」という信念を胸に、チームリーダー、経営者、マネージャー層に向けて、個人セッションや企業研修をおこなう。

内向的で自信のない人でも、部下から共感され信頼されるリーダーとして認知される声と話し方「ポーカーボイス＆トークメソッド（ビジネス版）」を開発。

著書に『超一流の人が秘密にしたがる「声と話し方の教科書」』（光文社）、『自分を守るためにちょっとだけ言い返せるようになる本　声とココロの取扱説明書』（ぱる出版）、『嫌われずに「言い返す」技術』（フォレスト出版）など14冊。累計発行部数は、20万部を超える。

▶ Webサイト　https://tsukasataku.com/
▶ メール　tsukasamail1@gmail.com
▶ YouTube チャンネル
「声と話し方で人生を変える 司拓也チャンネル」

www.youtube.com/@tsukasatakuya1
▶ LINE公式アカウント　@tsukasa1357

共感《きょうかん》されるリーダーの声《こえ》の作《つく》り方《かた》・話《はな》し方《かた》

2024年11月1日　初版発行

著　者　司　拓也
発行者　和田智明
発行所　株式会社　ぱる出版
〒160-0011　東京都新宿区若葉1-9-16
03(3353)2835－代表　03(3353)2826－FAX
本書籍に関するお問い合わせ、ご連絡は下記にて承ります。
https://www.pal-pub.jp/contact
印刷・製本　中央精版印刷(株)

ISBN978-4-8272-1479-6　C0034